U0613237

岭南文化知识书系编辑委员会

出 版 说 明

　　岭南文化是中华民族文化中特色鲜明、灿烂多彩、充满生机活力的地域文化，其开发利用已引起社会的重视。对岭南文化丰富内涵的发掘、整理和研究，虽已有《岭南文库》作为成果的载体，但《岭南文库》定位在学术层面，不负有普及职能，且由于编辑方针和体例所限，不能涵盖一些具体而微的岭南文化现象。要将广东建设成为文化大省，必须首先让广大群众对本土文化的内涵有所认识，因此有必要出版一套普及读物来承担这一任务。出版《岭南文化知识书系》的初衷盖出于此。因此，《岭南文化知识书系》可视作《岭南文库》的延伸。

　　书系采用通俗读物的形式，选题广泛，覆盖面广，力求文字精炼，图文并茂，寓知识性于可读性之中，使之成为群众喜闻乐见的知识丛书。

　　《岭南文化知识书系》由岭南文库编辑委员会与广东中华民族文化促进会共同策划、编辑，岭南文化知识书系编辑委员会负责具体实施工作，广东人民出版社出版。

岭南文化知识书系编辑部

2004 年 8 月

目　录

前　言

　　海洋占有地球表面的大部分，它既有无穷的资源和广袤的空间，充满迷人的魅力，吸引人们去探险、开发和利用，但同时它也波涛汹涌，深不可测，充满了未知的风险，被许多人视为畏途。黑格尔在《历史哲学》中指出，大海"表面上看来是十分无邪、驯服、和蔼、可亲；然而正是这种驯服的性质，将海变成了最危险、最激烈的元素"。正因为如此，当人们还不了解海洋的运动和发展规律、还无法对抗海洋的变化、抵御不了海洋带来的自然灾害时，对海洋的宏大、深邃和神秘便自然而然地产生敬畏和恐惧，航海安全、渔业丰收成为海洋族群的共同祈盼，各种海神信仰也由此产生。

　　岭南人民自古以来就资仰于南海，从中获得生产、生活的资源和空间，也借助于南海海洋运输，开辟了与世界上许多国家、地区和民族和平、友好、平等的交往之路，这就是闻名于世的海上丝绸之路，它为促进世界的文明与进步，作出了重大贡献。美丽富饶的南海，水上风云际会、气象万千，水下生命滋繁、物竞天择，构成了一个五光十色、热闹非凡的大千世界。勤劳、勇敢的岭南渔民、海员和商人，终年活跃在南海海面上，从事生产和商贸活动。

岭南海洋族群人数众多，海洋信仰群体不仅有以海为田的群体，亦有以海为商的群体，故岭南海神信仰的类型复杂多样，既有龙蛇神、雷雨神、妈祖、龙母、北帝等共同性的神祇，也有伏波神、兄弟神等地方性的神祇。作为海神信仰的空间载体，海神庙也由此遍及岭南沿海城乡和海岛，形成了独特的文化景观，成为岭南海洋风俗文化的一个组成部分。本书对相关资料作了一个简要的梳理，以期能帮助读者了解岭南海神信仰的起源、发展、功能和地域分布等之概貌。

一、自然与人文环境

岭南海神信仰的产生、发展离不开当地特定的自然和人文地理环境。岭南界于山海之间，北有五岭横亘，南临广袤无际的大海，有曲折绵长的海岸和星罗棋布的港湾，以及数量众多的岛屿，加之地势自北向南倾斜，河流依此方向入海，季候风也稳定地依季节转换，有利于航行，由此决定了岭南对外海上交通比陆上交通要便捷、频繁得多。这种地理环境下形成的岭南文化，与海洋有着不解之缘，其海洋性远胜于它的大陆性，可以归属于海洋文化范畴，岭南海神信仰也正是产生在这样的背景之下。

临海区位

岭南濒临我国近海中面积最大、水最深的海区——南海。南海的地形似菱形，面积约350万平方公里，平均水深1212米，最大深度5559米。南海一年四季都可以航行或进行沿海采集、养殖、海上捕捞等生产作业，是我国海洋生物量最大、海产最为丰富、海洋文化发展也最兴盛的一个海区。

流入南海的河流主要有珠江、红河、湄公河和湄南河等。其中珠江由西江、东江、北江以及珠江三角洲网河水系组成，径流十分丰富，仅次于长江。珠江起源于云南省曲靖市马雄山，全长2000多公里，由虎门、蕉门、洪奇沥、横门、磨刀门、鸡啼门、虎跳门、崖门八口入海。

此外，在中国境内独流注入南海的还有韩江、榕江、漠阳江、鉴江、南渡江、昌化江、万泉河、南流江、大风江等。这些河流的腹地纵深非常广阔，连接了我国南方的大部分省区，带来了大量的冲积物。这些冲积物沉积于河口和沿岸地区，形成大面积的河口三角洲（如珠江三角洲、韩江三角洲、漠阳江三角洲等）和滩涂，可供耕凿和海水养殖、增殖。这些河流作为海陆相连的纽带和通道，也在海上贸易、中外文化交流中发挥着巨大的作用。特别是珠江水系之东江、西江、北江交汇于广州附近所形成的扇形地理格局，造就了千年不衰的港市广州，也是南

浩瀚无际的南海 （360图片网）

海海洋文化最大的一个中心。按照大江大河
通常有大城市的原理，在其他江河的出海口
也形成了规模不等的海洋文化中心，如潮
州、汕头、汕尾、香港、深圳、珠海、澳
门、阳江、湛江、海口、三亚、防城等，它
们星罗棋布于南海的海岸线上，不仅数量众
多、分布范围广泛，而且海洋文化特质十分
鲜明。

众多港湾

港湾是海洋的一部分，根据地质构造、地貌背景和海岸动力等条件及其组合的区域差异，南海北部有山地溺谷、台地溺谷、潟湖、河口和人工港湾等类型的港湾48处，约占全国沿海可建港址总数的30%。这些港湾大部分水深、纳潮量大，且沉积物少，可建设为良港。

民国初年，在孙中山先生《建国方略·实业计划》中被列入开发建设的港口就有广州港、钦州港、汕头港、电白港、海口港、汕尾港、海安港、榆林港等。其后，港湾建设时有兴衰，改革开放以后，才开始形成蓬勃发展的态势。

这些港湾背靠中国大陆，不仅拥有辽阔的陆向腹地，还拥有范围更为广大的海向腹地。借助于海上丝绸之路，岭南与海外发生贸易往来，形成"以海为商"的海洋商业文化模式和传统，成为岭南海洋文化特质最为彰显的一个表现。

季风气候

由于海陆热力的差异，南海盛行季风，冬季吹东北风，夏季吹西南风，已成为风向规律，古代称之为信风。中国人很早就利用季风扬帆南溟，从事对外经济文化交流，因此季风又被称为"贸易风"，夏季风则被称为"舶棹风"。这在东汉应劭《风俗通义》、崔寔《农家谚》等文献中就已有记载。宋代著名文学家苏东坡《舶棹风》诗云："三旬已过黄梅雨，万里初来舶棹风。"说明其时中国人假道南海的商贸活动已非常兴旺，海洋商业文化相当发达。

明清以来，海上商贸活动更为频繁，给沿海地区带来了十分可观的经济效益。明末清初广东著名学者屈大均在《广东新语·食语》中曾记载，广州地区商人"其黠者南走澳门，至于红毛、日本、琉球、暹罗斛、吕宋，帆踔二洋，倏忽数千万里，以中国珍丽之物相贸易，获大赢利"。清咸丰年间（1851—1861）广东巡抚郭嵩焘曾在《郭嵩焘奏稿·前后办理捐输情形片》中说过"广东之富在商不在农"，海洋文化在岭南文化中的重要地位可见一斑。

然而，南海也是全世界台风最为频繁的海区之一。影响南海的台风平均每年有14个左右，既有产生于南海中的"土台风"，也有来自太平洋的台风。土台风的范围小、强度弱，但风向多变，其登陆地点不易预测，而且来势猛烈，在气象学上被称为"非常态台风"，对海上作业和沿海人民生命财产威胁很大。但生活在南海周边的中国人民，像熟悉季风一样了解台风，并创造了适应台风的文化模式。如在农业上，改种矮脚稻种，并在沿海或村落、橡胶场的周边种植防护林，尽可能地减少台风带来的损失。

大海的波涛也造就了岭南人勇于和善于向外开拓进取的精神。"人多以舟楫为食""逐海洋之利""习海，竞渡角胜""耕三渔七"等，成为岭南沿海居民共有的海洋文化特质。对于南海热带海洋对岭南文化形成、发展的作用和影响，我国著名地理学者曾昭璇教授以"炎黄文化，众流所宗，岭南亲海，热带民风"十六个字进行了简明、准确的概括。

丰富的海洋资源

南海不但拥有丰富的海水化学，海洋动力、生物、滩涂、海岛、港湾、旅游等资源，而且近年随着海洋科技的进步，南海油气资源相继被发现，部分投入了开采。据金庆焕《南海地质与油气资源》（1989年版）一书估算，在南海至少可以找到250个油气田，总探明可采石油储量约为20亿吨，天然气储量约为4万亿立方米。南沙群岛由于油气资源非常丰富而被誉为"第二个波斯湾"。在南海北部大陆架，则有珠江口盆地、北部湾盆地、莺歌海盆地、琼东南盆地、台西南盆地等油气田。

一批石油重化工业也在岭南沿海的港湾城市崛起，出现了像茂名、南沙这样的石油城。"石油文化"也应运而生，成为岭南海洋文化的一个组成部分。

发达的海上贸易

岭南海陆区域跨热带、亚热带和赤道带，加上地形的影响，又兼具寒带、温带、亚热带等垂直地带性的特点，形成水平和垂直两个方向上复杂的地理环境。水、土、光、热和生物资源极为丰富，为人类驯化生物品种、捕捞水产、创造丰富多样的物质文明提供了强大的后备基地，因此古人说广东"兼中外之所产，备南北之所有"。这些物产除了广东本土出产的以外，还包括通过南海海上贸易从海外得到的各种奇珍异宝。另外，海上贸易带来的巨额利润也是过去朝廷和地方政府的财政之源。从晋代起，广州就有"天子南库"之誉。在岭南，这类依赖南海及其商贸而致富的事例，史不绝书。

据我国古代历史文献汇编《逸周书》记

载，商王汤叫大臣们制定《四方献令》，伊尹便建议令南方各民族"以珠玑、玳瑁、象齿、文犀、翠羽、菌鹤、短狗为献"，反映了其时我国南海沿岸的居民已从事南海水产资源开发。

南方大部分地区处于南海之滨，或者拥有南海中的特产、宝货。春秋时，强大的楚国降服了越人后，便称"黄金珠玑犀象出于楚，寡人无求于晋"，正是因为得到了南海的宝货。明朝郭棐《广东通志》中说越王勾践为了复国，收集南海的珍宝献给魏国，"时三晋惟魏最强，越王与魏通好，于是使隅复往南海，求犀角、象齿以献之"。这件事在《古本竹书纪年》中也有记载。《淮南子·人间训》指出，秦始皇在灭六国、统一天下后，随即发兵50万，平定了岭南，并在岭南设置了南海、桂林、象郡等三郡，有一部分原因是秦始皇看中了越人之犀、象、珠玑等。

汉初赵佗建立南越国后，十分重视海外贸易。广州南越王墓出土的非洲象牙、波斯银盒等即为其时海上贸易兴盛的旁证。汉代番禺（今广州）已是全国性的经济都会，《汉书·地理志》称"中国往商贾者多取富焉"。

晋代，广州就有到爪哇的航船，一般50天一往返。太康二年（281）大秦国（东罗马帝国）来广州献火布。《晋书·吴隐之传》称"（广州）一箧之宝，可资数世"。五代时，《南齐书·王琨传》记载："世云，广州刺史但经城门一过，便得三千万也。"说明当时广州海关的收入很可观。

唐代"广州通海夷道"远至东非，广州的海向腹地非常广阔。乾符五年（878），黄巢起义军攻克广州。黄巢上表朝廷，提出如果封他为安南都护、广州节度使，他就归顺朝廷，但唐僖宗没有答应，认为那样做会使"贼得益富，而国用乃屈"。可见南海贸易获利之丰厚，是唐政府的主要收入来源。

南汉刘龑政权虽然偏安岭南一隅，但却非常注意发展外贸，因此府库很充实。《南汉书·黄损传》说广州"犀、象、珠、玉、翠、玳、果布之富，甲于天下"。当时的首都兴王府（今广州）修建的离宫别苑多达数百所，所耗费的巨额资金绝大部分都是来自海上贸易。

宋代南海商船横渡印度洋，许多阿拉伯商人来广州经商。宋代广州筑东、西、中三城，比唐代的广州城大四倍，又建了新南城区，筑城的资金有一部分就是来自阿拉伯商人的捐赠。

元代，南海通商的规模又大大超过了宋代，陈大震《南海志》称"珍货之盛，倍于前志所书"。

明清南海海上贸易兴旺，清代广州十三行中出现了不少国际性的富商，如伍浩官、潘正炜家族，每年上贡皇银就达5万—15万两。举凡皇帝大寿、军费、治河等所需的费用也大多依靠行商。

历代对外开放政策

由于南海的贸易为封建王朝提供了大量的财源，所以历代王朝对岭南一直采取保护开放的政策，即便是在明清闭关锁国的时候，也或明或暗地开放广州口岸，以使海上的财源不致中断。隋文帝平陈之初，发布《安边诏》令广州当局："外国使人欲来京邑（指今南京），所有船舶沿溯江河，任其载运。"可见，当时对海上贸易采取开放的政策。另外，隋在广州港建南海神庙也是其时对海上贸易采取开放政策的一个例证。

唐代比过去更加开放，对外贸易空前繁荣，显庆六年（661），唐高宗颁布《定夷舶市物例敕》云："南中有诸国舶，宜令所司，每年四月以前预支应须市物，委本道长史，舶至十日内，依数交付价值。市了，任百姓交易，其官市物送少府监简择进内。"进一步明确了广州商民可以与外国商人贸易。开元二年（714）始有"安南市舶使"

的记载，它的职能类似海关：向前来贸易的船舶征收关税，代表宫廷采购一定数量的舶来品，管理商人向皇帝进贡的物品，对市舶贸易进行监督和管理。这一对外海上贸易专门机构的设置，既说明了唐政府对岭南海上贸易十分重视，也极大地促进了"以海为商"的岭南海洋商业文化的繁荣。在广州出现专为阿拉伯商人聚居而设的"蕃坊"，即为海外文化在岭南传播、立足的见证。

宋元因袭唐代的对外开放政策，广州的海上贸易持续繁盛。明代，为了防范倭寇和断绝逃亡海上的张士诚、方国珍余党与内地的联系，朝廷在中国沿海严行海禁，只准许与明朝有朝贡关系的国家实行朝贡贸易。但准许非朝贡国家的船舶入广东贸易，广东出现了"番舶不绝于海澨，蛮夷杂沓于州城"的繁荣景象。

嘉靖中，由于各种原因，"遂革福建、浙江二市舶司，惟存广东市舶司"，规定南海诸国与中国贸易"俱在广州，设市舶司领之"，以及"凡夷船趁贸货物，具赴货城（广州）公卖输税"。同时规定"广州船舶往诸蕃出虎头门，始入大洋"。内地商人只好将货物运到广州后再出口，称为"走广"。到隆庆元年（1567）部分开放海禁后，"广州几垄断西南海之航线，西洋海舶常泊广州"。这些特殊政策使广州成为与南海诸国等唯一的通商口岸。

入清以后，虽然也实行海禁和迁海政策，但广东仍有人铤而走险，进行走私贸易，南海对外通商贸易并未完全中断。康熙中，沿海局势安定，遂废除了海禁，设立粤海、江海、浙海、闽海等四个海关，作为对外通商口岸，其中粤海关居四关之首，税收至丰。到乾隆二十二年（1757），清政府又规定"蕃商将来只许在广东收泊贸易"。自此，粤海关成为全国对外通商的唯一口岸，直到鸦片战争结束。

综观历代中央王朝，大多对岭南采取了各种特殊的开放政策，使南海海上贸易的通道从未间断，由此带来的经济、社会、文化等效应，也是岭南海洋文化形成及其特质异于其他地区的一个历史背景和强大动因。

恩格斯说："如果地球是某种逐渐生成的东西，那末它现在的地质的、地理的、气候的状况，它的植物和动物，也一定是某种逐渐生成的东西，它一定不仅有在空间中互相邻近的历史，而且还有在时间上前后相继的历史。"与其他区域文化一样，岭南海洋文化也是由自然、政治、历史、技术、经济、心理等多种因素长期作用形成的，是历史变迁的产物。正是在上述各个因素的共同作用下，岭南海洋文化非常发达，这既包括了人类涉及海洋的一切经济活动和创造海洋文化主体的人类群体的社会结构等物质和制度层面，还包括人类对海洋的崇奉，海洋神话、戏剧、歌舞等精神文化层面，它们都与岭南海洋文化的发展、传承有不可分割的关系。

二、古越人的原始海洋文化

先秦时期，生活在南海北部地区的古越人，依靠采集、捕捞海产或从事航海为生，创造了最原始的海洋文化。法国地理环境决定论者孟德斯鸠（Montesquieu，1689—1755）在其著作《论法的精神》中提出"海边文化"的概念，以对应于"山岭文化"的概念。古越人的原始海洋文化，应属这种"海边文化"，是古越人适应南海热带海洋环境、走向开发海洋资源的第一步，也揭开了岭南海洋文化史的最早篇章。

考古发现

古越人食用海产后剩下的各种贝类、鱼类、两栖类等遗骨遗存堆积起来所形成的贝丘遗址（距今约4000—6000年）广泛分布在南海北部沿海。在粤东韩江三角洲广见于潮州、揭阳和澄海滨海，以潮州西郊陈桥村为代表，称"陈桥贝丘"。

珠江三角洲有300多处新石器遗址，其中绝大多数为贝丘和沙丘遗址。贝丘多见于肇庆、佛山、江门、惠州、广州、中山、东莞等地。遗址出土有各种贝类、鱼类、两栖类动物残骸，反映了部分古越先民从事河口和海湾的采集和捕捞。沙丘遗址则多见于中山、珠海，以及香港、澳门等地，以鱼类遗骸较多，并且多为海生属种，同时出土的还有网坠等物，仅环珠江口等地即有44处新石器和青铜时代网坠，说明当地先民已从事海上捕捞或滨海采集作业。在雷州半岛、广西北部湾沿岸也发现了贝丘和沙丘遗址，说明在上古时期，南海北部先民的主要生活方式是渔猎，从大海中获取生活资源。这些遗址是闪烁在南海古代文明史上的一个个亮点。

生活在南海北部沿海的古越人，不仅"习于水斗，便于用舟"，也"善于造舟"。《山海经·海内南经》也有"番禺始作舟"的记载。舟楫是古越人的主要交通工具。考古发现也证明了这一点。在环珠江口一带沙丘遗址曾出土了多件石锚，说明古越人解决了海上停舟的难题，香港新界屯门、珠海平沙棠下环即有这类石锚。自20世纪70年代以来，先后在揭阳、化州、海南沿海，甚至内陆怀集等地出土了多艘汉至魏晋时期的独木舟，这些地区都是古越人的居地。

摩崖石刻

1989年，在珠海市高栏岛宝镜湾发现了春秋或更早时期的摩崖石刻图画，其中有不少两头尖翘的平底船图像，船体刻有波纹、水纹、云纹、雷纹以及凤眼纹等图案，另外，还有一些翩翩起舞的人簇拥在船的四周。有研究者认为："宝镜湾石刻是居住海滨，以航海、水上作业为生的当地土著民族——古越人，对海上平安的祈祷，对海洋保护神的祈祷，其中包含有对民族先祖的祈祷。嗣后，每当出发之前或被风暴所袭、困守在岛屿之时，都须隆重举行祭祀图腾、神灵和祖先等宗教仪式，以求祈福禳灾，保佑平安出海，安全达到目的地。"这幅石刻图画已被公认为先秦古越人航海活动的一个有力证据。

实际上，包括珠海、澳门、香港在内的整个珠江口都不乏这类石刻。文物专家史树青先生认为宝镜湾石刻的发现，"说明从江苏的连云港到福建、广东、广西，东南沿海连成一线都有岩画"。这些岩画为研究远古时期南海北部海岸的海神信仰提供了宝贵的资料。

有学者认为，远古时代移居海南岛的黎

族祖先就是乘坐上述这种独木舟从大陆渡海而来的。一些研究者认为，黎族祖先中有一部分人是远古时期从东南亚各地漂流南海而进入海南岛的。根据^{14}C测定，南海诸岛的大部分岛屿露出水面的时间距今约5000年，这为远古时代人类在南海活动提供了一定的科学依据。有段石锛是古越人新石器文化的代表性器物，除在中国台湾、菲律宾等地发现以外，在南太平洋的波利尼西亚群岛、社会群岛和苏拉威西岛以及北婆罗洲一带均有发现，表明古越人可能航海到过这些地方。

1976年，在广西贵县（今贵港）罗泊湾汉墓中出土了一面铜鼓，鼓身绘有双身船纹图形，形式与现在南太平洋诸群岛民族（如汤加、萨摩亚）使用的双身独木舟极为相似。无独有偶，1983年广州南越王墓出土的铜提筒，外壁有四组船纹，绘有杀俘猎头的图案，反映了古越人祭河神或海神的庆功场景，特别是船上的动力是三帆一橹，桅杆上的羽饰迎风后扬，正扬帆破浪前进。说明海上活动是古越人重要的生活方式，他们驱驰于南海，可能到达过上述的某些岛群。

1973年肇庆松山先秦墓葬出土了当时我国尚未能制造的琉璃，说明此物来自海外，很可能是从濒海的番禺或附近其他沿海地区获得的，反映了岭南沿海应已与海外某个或某些地区发生经济文化交流，这也意味着南海海洋文化开始萌芽。

断发文身

为了适应海洋环境和便于在水中活动，生活在南海周边的古越人有"断发文身"的习俗。在身上纹龙、蛇、龟、蛙等图像，这既是一种装饰、图腾或部族的标记，也是古越人仰给于河流海洋而产生的精神信仰。

《礼记·王制》曰："南方曰蛮，雕题交趾，有不火食者。"晋代张华《博物志》说："南海外有鲛人，水居如鱼，不废织绩。"鲛人，晋代郭璞为《山海经·海内南经》注云："点涅其面，画体为鳞采，即鲛人也。"因为"南海，龙之都会，古时入水采贝者皆绣身，面为龙子，使龙认为己类，不吞噬"。这里，鲛人泛指上古南方沿海的一些部族，也是被中原人称作"蛮"的南方人，是以龙蛇为图腾的民族。许慎《说文解字》云："南蛮，蛇种。"

《淮南子·泰族训》说："刻肌肤，镂皮革，被创流血，至难也，然越为之以求荣也。"作为古越人一支后裔的海南黎族人，直到现在仍保留文身的遗风，不同支系的妇女按照各自祖先传承下来的图案进行文身。这些图案成为黎族不同氏族、部落的标志。当地还流传不少人与龙、蛇、龟等婚配的故事，显示了黎人世代与水之间的密切关系。这是他们早期居于沿海，后来虽进入深山，但仍保留了海洋文化特征的一种折射。

铜鼓饰纹

秦始皇三十三年（前214），秦统一岭南，设置南海郡、桂林郡、象郡。秦统治岭南不到10年即亡，赵佗立南越国，历五主，共93年。元鼎六年（前111），汉武帝平定南越，岭南复归中央王朝，并设岭南九郡，即南海、合浦、苍梧、郁林、交趾、九真、日南、珠崖、儋耳郡。自此，包括环北部湾在内的南海北部地区，结束了先秦时土邦林立、各自为政的状态，归入中央王朝版图，从部落社会进入封建社会。南海海洋文化以政治上统一的大陆为依托，进入了"以海为商"的海洋商业文化发展的新阶段。

秦汉虽然在岭南建了郡县，但氏族奴隶制仍很强大，南下汉人很少，古越族仍是岭南居民的主体，古越文化也仍居主流文化地位。现存的古越人铜鼓反映了这一时期海洋活动和海神信仰的梗概。

铜鼓不仅是古越人在公众活动中广泛使用的一种打击乐器，更是他们心目中的神器，被赋予了种种神秘的力量，受到顶礼膜拜，享有很高的地位，就像中原人的铜鼎一样，故有"北鼎南鼓"之说。古越人善铸铜鼓，南海北岸是铜鼓的故乡，雷州半岛、海南岛、珠三角、西江流域，以及云南、贵州等地都出土了不少的铜鼓。据统计，1986年，我国各地博物馆收藏铜鼓约1500面，其中广西有435面，广东113面，两广合计548面，约占全国的37%。这些铜鼓形式多样，风格各异，工艺精湛。

古越人铜鼓文化始于先秦，经两汉，

1976年广西贵县罗泊湾1号汉墓出土的刻有六组船纹的铜鼓（蒋廷瑜等编著《广西铜鼓文化》）

1983年广州南越王墓出土的船纹铜提筒（中国国家版本馆广州分馆）

延及隋唐，长盛不衰。铜鼓为古越人的权力、财富、地位的象征，被广泛用于各个场合，包括海上活动。古越人既为海洋部族，其铜鼓的图案内容也与海洋有不解之缘。如铜鼓上的羽人、船纹、雷纹、水波纹等饰纹，说明古越人出海捕捞水产，征战，以及雷神、海神崇拜等意涵。如在粤西出土的一个冷水冲型铜鼓上就刻有羽人划船纹。1976年，在广西贵县罗泊湾1号汉墓中出土的10号铜鼓上刻有6组船纹，每船6人。有研究者认为"这种双身船浮力大，行驶平稳，为古越人海上捕鱼或运输之用。今天南洋群岛还可以看到此类双身船"。这些纹饰与广州南越王墓出土的铜提筒外面羽人、船纹图案相似，都反映了古越人海上活动的情景。

岭南铜鼓在广东主要分布在徐闻、雷州、遂溪、吴川、廉江、化州、茂名、信宜、高州、罗定、阳春、阳江等县市，广西分布更广，包括灵山、横县、岑溪、浦北、合浦、北流、玉林、博白、钦州等，在海南岛则分布在文昌、万宁、陵水、澄迈、昌江、东方，以及海口市琼山区等地。除了内陆，在南海北部沿岸地区也出土了不少铜鼓，其纹饰也从侧面反映了这一时期沿海古越人的精神信仰概貌。

三、南海神

由来及演变

南海亦曰"赤海"。但先秦时期"南海",泛指南方之海,或指今日之东海,或指今日之南海。秦始皇三十三年（前214）秦在今广东中东部置南海郡,其所濒临的海域大抵固定称南海。

南海海区面积居我国四海之首,在疆域、交通、贸易、物产等方面具有重要意义。刘熙《释名·释州国》曰:"南海在海南,宜言海南,欲同四海名,故言南海。"汉扬雄《交州牧箴》云:"大汉受命,中国兼该。南海之宇,圣武是恢。"说明南海浩大,其时朝廷重视有加。南海后来又泛指东南亚一带海域,甚至远至印度洋,乃至爪哇岛到澳大利亚海域,经过这些海域来的外国

《山海经》中南海神不廷胡余（徐客编著《图解山海经》）

船被称为"南海舶"。

南海浩渺无垠，神秘莫测，"能出云为风雨，见怪物，皆曰神"。南海神崇拜也由此而来。我国四海都有海神，且各有其特征。南海神的面目，据《山海经·大荒南经》曰："南海渚中有神，人面。珥两青蛇，践两赤蛇，曰'不廷胡余'。有神名曰因因乎，南方曰因乎，夸风曰乎民，处南极以出入风。"按这段文字描绘，南海神不廷胡余，是一个双耳垂各穿着一条青蛇、双脚各踩着一条赤蛇的海神。

此外，四海之神各有其名，《太公金匮》曰："南海神曰'祝融'，东海神曰'句芒'，北海神曰'玄冥'，西海神曰'蓐收'。"屈大均《广东新语·神语》释："四海以南为尊，以天之阳在焉。故祝融神次最贵，在北东西三帝、河伯之上。"从以上这些诠释中，可知南海神在海洋水体本位神中居显赫地位，对其崇拜也在其他神祇之上。

隋结束了南北分裂的状态，在礼制上进

行了一系列的调整和革新。另外，为了适应日渐发达的海上贸易，于开皇十四年（594）在我国沿海建东海神庙和南海神庙。其中，南海神庙建于广州南海镇（后称扶胥镇，今黄埔区庙头村一带）。韩愈《南海神庙碑》言，庙"在今广州治之东南，海道八十里，扶胥之口，黄木之湾"。扶胥口和黄木湾依山面海，正对狮子洋，航海条件优越。南海镇是一个较大的居民点，补给充足，与广州城联系便利。唐代，广州已成为世界性的贸易大港、"广州通海夷道"的起点，南海贸易空前繁荣，南海神庙的地位也大为提高。唐玄宗天宝十年（751）"四海并封为王"，即东海"广德王"，取广布恩德之义；南海"广利王"，取广招财利之义；西海"广润王"，北海"广泽王"，都取广施恩泽之义。值得注意的是，南海王的封号突出财利，显然与其被视为广州港的保护神，有利于获取更丰厚的海上贸易利益有关，相比其他几位海王，更彰显了南海王的重要地位。

唐政府在封四海王之同时，委派名相张九龄之弟张九章前来广州祭南海神。唐玄宗《册南海神为广利王文》有曰：

> 惟南海荡涤炎州，包括溟涨，涵育庶类，以成厥德。朕嗣守睿图，式存精

享，神心允穆，每叶休征。今五运惟新，百灵咸秩，思崇封建，以展虔诚。是用封神为广利王。其光膺典册，保乂寰宇，永清坤载，敷佑邦家，可不美欤。

唐王朝对南海神寄予的厚望，实际上反映了广州港海上贸易对国家财政的重要意义。此后唐代祭祀南海神成为定例。

唐诗人李群玉到广州，作诗《凉公从叔春祭广利王庙》曰："龙骧伐鼓下长川，直济云涛古庙前。海客敛威惊火旆，天吴收浪避楼船。阴灵向作南溟王，祀典高齐五岳肩。从此华夷封域静，潜熏玉烛奉尧年。"诗中描述了祭南海神的热烈场面。唐代南海神庙香火兴盛，南海神备受推崇，与广州外贸发达有不可分割的关系。

南汉以外贸立国，对南海神重视有加，南汉刘𬬹时，"尊海神为昭明帝，庙为聪正宫，其衣饰以龙凤"。南海神由王升为帝，地位大为提升，为南汉时广州外贸兴旺发达的一个缩影。

两宋南海贸易兴盛不减于前，成为朝廷财政收入的重要来源。南海神获得朝廷及地方官员多次隆重致祭，庙宇也得到修缮。开宝四年（971），宋太祖易南海神龙服为宋一品官员服。元代吴莱《渊颖集》有"宋真宗

赐南海王玉带"的记载。宋仁宗康定二年
（1041），南海神又被赐封，封号加"洪圣"
二字，即"洪圣广利王"。皇祐五年（1053）
宋仁宗又加封南海神为"洪圣广利昭顺王"。
宋朝廷每次都将南海神与五岳、四渎一起致
祭，反映了其时朝廷对南海神相当重视。一
些史志书上有祈求南海王助灭匪贼、平息战
乱等的记载。如清人崔弼《波罗外纪》记
载，宋宁宗庆元三年（1197），广东提举茶
盐使徐安国"遣人入岛捕私盐，岛民不安，
即啸聚千余人入海为盗"。广州知府钱之望
一方面"即为文，以告于神"，祈求南海神
保佑平乱，另一方面调兵遣将前往征剿。获
胜而归后官兵皆"益仰王之威灵。凡臣所
祷，无一不酬"，"阖境士民以手加额，归
功于王，乞申加庙号，合辞以请"。当然，
作战胜负，祈求于神灵，只是一种心理作
用，但折射出其时南海神在官民心目中具有
很高的地位。

　　由于位于扶胥口的南海神庙（东庙）与
广州尚有一定的距离，宋熙宁四年至五年
（1071—1072）地方政府在修筑广州西城之同
时，修建了南海西庙，地点在今广州西关下
九路与文昌路交界的广州酒家一带，自此，
广州有东、西两座南海神庙。宋人杨万里
《题南海东庙》诗对东、西庙作了对比："大

海更在小海东，西庙不如东庙雄。南来若不到东庙，西京未睹建章宫。"今西庙已不存，仅余东庙。

元代海运兴隆，与广州存在外贸关系的国家和地区比宋代多，作为官祭的南海神仍受到重视，被列入国家级祭祀之列，至元二十八年（1291）被封为"南海广利灵孚王"。但随着另一位航海保护神——天妃的出现和地位上升，南海神崇拜日渐式微，到明代则转为衰落，前代的封号也被取消了，只称"南海之神"。虽清雍正二年（1724）时南海神被加封为"南海昭明龙王之神"，此前康熙皇帝御书"万里波澄"也刻石立于庙前，朝廷还多次派遣官员前来致祭，但终未能改变南海神崇拜衰败的局面。尤其是近代以后，南海神庙所在的河道日益淤积，不利于船舶停靠，港口位置先后移至黄埔村、长洲岛等地。南海神庙成为见证我国海上丝绸之路兴衰的一处重要史迹。而南海神崇拜则演变为一种庙会性质的风俗文化活动保留下来，传承至今，成为南海神崇拜在广州约1500年历史的见证，具有重要的海洋文化意义。

据有关统计，新中国成立前广东的天后庙有300多座，而洪圣庙有500多座，可见洪圣王在广东民间的影响之大，并影响至周边地区。如香港就有大澳洪圣庙、粉岭洪圣庙、长洲洪圣庙等约20座洪圣庙，多为明朝或明以前自广东迁入的族人所建，并于清朝重修或扩建。

南海神庙会

南海神庙会，又称"波罗诞"庙会。相传南朝梁普通年间（520—527），菩提达摩和两个弟弟由南天竺国航海至广州，路经南海神庙，入庙拜谒南海王。南海王留菩提达摩的幼弟达奚司空在庙中协助自己管理南海，"司空不可，起欲遂去，揖死坐间"。广州人视达奚司空为海上丝绸之路的友好使者，为其穿上中国衣冠，请进庙中供奉。达奚司空随身带来的两棵波罗树被种于庙外，南海神庙因此也称波罗庙，达奚司空被奉为波罗神，南海神诞又称波罗诞，神庙外的扶胥江亦称波罗江。

南海神庙的庙会在每年农历二月十一至十三举行，其中十三为正诞，也叫波罗诞，即南海神诞，是广州乃至珠江三角洲地区独具特色的民间传统节庆活动。

庙会期间广州地区乃至珠江三角洲各地乡民纷纷前来，上香拜神、抬神像出游、唱曲演戏、舞狮舞龙、耍杂卖艺、摆摊卖货、走亲访友，热闹非凡。旧有"第一游波罗，第二娶老婆"之谚，将两者相提并论，可见这种风俗活动被重视的程度和所具有的广泛的群众基础。

宋人刘克庄《即事》诗曰："香火万家市，烟花二月时。居人空巷出，去赛海神祠。"清代黄作荣《羊城竹枝词》云："春风二月扇微和，春水三篙起绿波。舤舸似凫人似蚁，共浮东海拜波罗。"屈大均《广东新语·器语》对波罗诞的盛况记载尤为细致："粤人击之以乐神，其声閤𨱏铿鍧，若行雷隐隐，闻于扶胥江岸二十余里，近则声小，远乃声大。"广州地区各种风俗集会很多，"香火无虚日"，但"极盛莫过于波罗南海神祠，亦在二月，四远云集"。

清人崔弼《波罗外纪》详细记载了庙会期间的盛况："庙前搭篷作铺店，凡省会、佛山之所有日用器物、玩好、闺阁之饰、儿童之乐，万货丛萃，陈列炫售，照耀人目。其鬻小鼓、小钲、笙、竽、篴、笛者，必叮叮当当，滴滴坎坎，刺刺聒耳。"

作为珠三角地区最具影响力的民间庙会，"波罗诞"庙会蕴含了广州最有代表性的民俗文化元素，有着千年的历史文化传统。宋代诗人刘克庄的《即事》诗中，就描述了"波罗诞"的盛况。以下几个习俗很有特色：

波罗诞买波罗鸡是广州人的传统项目。

游波罗，买波罗鸡（曾应枫、黄应丰编著《千年海祭——广州波罗诞》）

波罗鸡是当地人用纸粘制成鸡的一种工艺品："糊纸作鸡，涂以金翠，或为青鸾彩凤，大小不一。"参加庙会者"必买符及鸡以归，馈遗邻里"。过去广州人有句俗语"正一波罗鸡——靠黏"（正一：真的是；黏：占便宜），就是这样来的。

在波罗诞期间包粽子是庙头社区一带（即传统的庙头十五乡）沿袭多年的风俗。以往还有买了波罗粽，在小孩脖子上挂一个之俗，寓意丰衣足食。

祭海是南海神庙传统的活动。南海神庙是中国古代帝王祭祀海神、祈求平安的场所。隋文帝在南海神庙开创了皇帝派官员代表皇帝在海边祭祀海神的先河，后一直沿袭至清末。南海神庙也是民间拜祭南海神、祈福求安之所。在每年一度的"波罗诞"正诞之日，该庙周边地区的乡民有前往南海神庙拜祭南海神的民间传统和习俗。如在2006年迎接瑞典国王一行及欢送"哥德堡"号活动中首次推出的仿古祭海仪式表演，即以南海神庙周边地区乡民代表为祭祀主体，再现了民间朝拜南海神的盛况。

"五子朝王"是"波罗诞"庙会的一项盛大民俗文化活动。传说南海神有五个儿子：大儿子"大案"，二儿子"原案"，三儿子"始案"，四儿子"长案"，五儿子"祖案"。其中三儿子因脾气坏、不孝顺，外号称"硬颈三"（"硬颈"在广州话中意为"脾气倔强"），他每年都是被反方向抬进庙中。五子神像分别由南海神庙附近的乡民在各乡村中供奉，供奉的乡村被称为波罗庙十五乡。从明代开始，"五案"在"波罗诞"正诞之日，都由十五乡乡民抬到南海神庙中庭，向南海神祝寿，称"五子朝王"，也称祭海神，一年一小祭，三年一中祭，五年一大祭。

花朝节是极具特色的系列民俗文化活动。据载，昔日南海神庙在"波罗诞"正诞之后便举行花朝节（农历二月十四、十五两天）活动，女子们在这天相约来到南海神庙，行拜花之礼。

南海神崇拜的文化意义

历代王朝对南海神的封赐从未中断，对庙宇维护次数之多，规格之高，远超过其他海神庙，而地方官员和群众对这些祭祀和庙会活动的参与积极性之大，热情之高，也是不多见的。其时在当地官民的心目中，南海神不但可在社会经济和地方治安方面发挥重要作用，而且在涉及百姓生计的旱涝、丰歉、灾祥等方面，也可发挥重要作用，因而具有广泛的群众基础。

南海神庙作为中外文化交流的见证，昭示了广州作为海上丝绸之路发祥地的历史贡献。南海神庙所祭祀的神祇，除了南海神广利王祝融，还有达奚司空。许得已《南海庙达奚司空记》载，广州为中外商舶汇聚之地，"海外诸国贾胡，岁具大舶，赍重货，涉巨浸，以输中国"，但海上风云变化无常，"惊发顷刻，乘之以烈风雷雨之变。舟人危惧，愿无须臾死，以号于神。其声末乾，倏已晴霁。舟行万里如过席上。人知王赐，出于神之辅赞盖如此，故祷谢不绝"。达奚司空辅佐南海神帮助外商化险为夷的故事，是其时中外在海上贸易中友好互助关系的一种折射。

自在广州兴建南海神庙以后，南海神崇

拜很快传播到岭南各地，尤其临海近水的地区，南海神庙相继兴建。宋元时期方志流传甚少，难以窥其分布状况。明代有关南海神庙分布的记载不绝于书。据王元林教授整理，明代广东有南海神庙的州县有广州城，南海黄鼎、神安、大通、太平、芙蓉岗，番禺板桥、新荩、塘都、冈尾，顺德古朗，东莞石冈，惠州府龙川，潮州府兴宁、揭阳等。这与珠三角及粤西河网密集、江海相通、南临大海的地理格局密切相关，同时也与其时这些地区海上贸易发达，有祷求南海神庇护、解难的需求有关。明黎遂球《南海神祠碑记》云：番禺板桥，"本南海之屿。藉祝融之麻庇，乘风潮而往来，虽甚震撼，无或倾沮。出云雨泽，时和年丰，波涛流宕，汰其害气。无有疾疠，停毓祥淑。人物畅拔，靡不赖焉。是故四业之民，岁时奔走；惟南海之神，是托是赖"。而粤东明代多天妃庙，因传天妃同样可以起到保佑作用，故南海神庙不多见。

清代，南海神庙地区分布仍因袭明朝地理格局，但为数更多，"然今粤人出入，率不泛祀海神"。主要分布在珠江三角洲的广州府和肇庆府。计南海县有23个，番禺县、三水县、东莞县皆至少有数十个，顺德县有17个，增城县有2个，香山县有1个，新会县有3个，台山县有1个，龙门县有3个，清远县有1个。肇庆府高要县有3个，四会县有5个，高明县有数十个，鹤山县有12个，新兴、开平、恩平多有，阳江县有2个，德庆州有3个。惠州府龙川县有1个，河源县有1个。潮州府揭阳、惠来各1个。高州府吴川县有2个，茂名县有2个，而雷州府和琼州府，其居民多来于闽潮，天后崇拜盛行，南海神庙罕见。

　　有的地方称海神庙为大王庙。如位于今广东阳江市岗列街道司崆村的大王庙（建于清道光元年，即1821年）即为海神庙，当地渔民祭祀甚虔。也有人认为洪圣龙王即南海神，如位于今广东江门市蓬江区潮连街道富冈村的洪圣殿（始建于明万历二十八年，即1600年，后多次重修），奉祀洪圣龙王。

　　以上分布格局反映了广州作为海上丝绸之路的大港口地位，以及珠江三角洲、西江地区航运、水产业的兴盛。

四、妈祖

由闽入粤

闽粤都濒临海洋且地理位置相邻，海神崇拜有许多共同之处。宋元时期，闽广海上往来甚为频繁，"广米"和槟榔大量输入福建，福建人也大量迁入潮汕、雷州半岛和海南岛，八闽文化随而在岭南沿海扩布，并融合为当地文化的一部分。其中最具深刻影响力和最有群众基础的首推妈祖崇拜，今已演变为岭南海洋文化的一个重要元素。

妈祖姓林，名默娘，福建莆田湄洲岛人，因救助渔民而不幸遇难，被当地人尊为神，并建庙奉祀。北宋宣和五年（1123），给事中路允迪出使高丽，在途中遇到风暴，据传得到圣墩之神妈祖保佑，顺利抵达目的地。回来后，他向朝廷请封妈祖，宋徽宗允准，颁赐"顺济"庙额给圣墩庙。此后妈祖多次受封。

北宋以后中国海事活动不断发展，特别是南海海上贸易事业十分兴旺，人们开始逐渐认识到海洋的价值和存在的危机，郑和曾说："财富取之于海洋，危险亦来自海上。"在航海技术较落后的古代，面对海上的巨大风险，人们难免会寄希望于神灵的护佑，妈祖作为航海保护神正好满足了人们的心理需要。

闽商在中国商界久负盛名，他们在海内外建立了不少会馆和妈祖庙宇，也影响到具有同样商业实力的粤商。再加上朝廷的大力封赐，妈祖被封至水神的最高位置，首先影响到与闽相邻的广东。这在宋代就已发生。陈天资《东里志·疆域志·祠庙记》曰："天后宫……在深澳，宋时番舶建。"另南宋《临汀志》记潮州有一座"三圣祀庙"，供奉包括妈祖在内的三位圣妃，为往来汀江、韩江的船工所建。南宋时任广东提举转运副使的福建莆田人刘克庄说："某持节到广（州），广人侍妃，无异于莆（田），盖妃之威灵远矣。"潮汕妈祖庙特别多，乾隆《潮州府志》说这些庙宇"其创造年代俱无考，大约始于宋元"。这些都是妈祖崇拜传入广东的较早记载。

元代，海运非常发达，泉州升为全国第

一港，海神崇拜盛行，妈祖信仰在福建达到了独尊的地位。元世祖忽必烈在至元十八年（1281），册封妈祖为"护国明应天妃"，确立了妈祖的全国最高海神地位。明代，郑和七下西洋，为祈报妈祖的护佑，他先后在长乐港口等地建庙刻碑，留下妈祖文化史迹多达十余处，加上其时朝廷对妈祖的推崇，使妈祖作为航海保护神的形象备受重视。永乐七年（1409），永乐帝赐封妈祖为"护国庇民妙灵昭应弘仁普济天妃"，天妃称号再次得到官方认可。

清乾隆二年（1737），妈祖被封为"护国庇民妙灵昭应弘仁普济福佑群生天后"。"后"是皇帝正配，地位高于次妻"妃"。天妃升为天后，显示妈祖成为与玉帝同级的神祇。咸丰七年（1857），妈祖被封为"护国庇民妙灵昭应宏仁普济福佑群生诚感咸孚显神赞顺垂慈笃祐安澜利运泽覃海宇恬波宣惠导流衍庆靖洋锡祉恩周德溥卫漕保泰振武绥疆天后之神"，封号长达64个字之多，为其他诸神不能相比。据有关资料统计，目前广东有100多座天后庙，多数分布在潮汕、雷州民系地区。新中国成立前，汕头一埠就有近10座天后庙，著名的有妈屿上的老妈宫、新妈宫、岩石天后庙等。广东第一大岛南澳岛现仍存15座天后宫，其中最早的建于宋代。揭西天后宫建于清光绪九年（1883），以宏敞见称。潮安旧称海阳，也是妈祖崇拜中心之一，光绪年间（1875—1908）有10余座天后庙。同期潮阳也有5座。这两地的天后庙多建在城内各地会馆的附近，皆为民间建造。

澄海也有7座天后庙，著名的有后沟妈宫（位于河边，水陆交通都很便捷）、樟林天后宫（按：樟林为潮汕古代著名的港口，天后宫大门联曰："海不扬波，稳渡星槎道迹；民皆乐业，遍歌母德恩深。"）、放鸡山天后庙（有用鸡放生祀天后的仪式，为当地特有的习俗）。

海陆丰多港湾，志载天后宫不少。在汕尾，不但以妈祖命名的街道甚多，连小孩取名也往往与妈祖相联系。男孩常以"妈""娘"等为通名，过去男孩或叫"娘包""娘兴""娘溪"，或称"妈禄""妈水""妈吉""妈炎"等。在雷州半岛徐闻，男孩取名妈生、妈二等，希望得到妈祖的保佑，也是妈祖崇拜的一种反映；女孩取名，则不以"妈""娘"等为名，因女子不便于出海之故。这从侧面反映了沿海居民对海洋的依赖。

海陆丰以西，也有为数众多的天后宫，经珠江口两侧、台山、阳江，至雷州半岛，直下海南沿海。据地方志记载，电白有5座，见于县城、水东、博贺等港口或近水处；吴川有8座；海康有多座，其中最大的一座为县城南天后庙，庙门楹联曰："闽海恩波留粤土，雷阳德泽接莆田。"表明了雷州半岛妈祖信仰与福建莆田的渊源关系。又今湛江东方街原名"天后街"，以旧有天后庙而得名。

高雷地区本来盛祀冼夫人，庙宇林立，妈祖传入后，也有将妈祖请进庙中并祀的，但称"宣封庙"，今湛江市南郊即有一座。湛江硇洲岛为航海冲要，明正德元年（1506）建天后宫，代有重修，为当地著名的庙宇。庙内保存有明清两代的文物，包括"海不扬波"匾、铁钟、宝炉炉座以及"海国砰礐"匾额等。

为了强化妈祖的法力，到清后期，一些海船中还为其加陪祀神"顺风耳""千里眼"。据王荣国《海洋神灵》一书的统计，在清乾隆至道光年间（1736—1850）琉球国救起的26艘中国遇难商船中就有6艘为广东商船，属潮州府商人，船上分别供奉"天上圣母神像金座""天后陪祀顺风耳、千里眼"各一座，以及"天后、天恩公公合祀"一座。徐闻海安港为通海南岛要津，明代修有妈祖宫，香火颇盛。

清代许联升《粤屑》记载："廉州、钦州有三婆婆庙，州人祀之甚虔，官此地者，朔望行香，必诣焉。三月二十二日为婆婆生日，迎神遍游城内外，铙鼓嘲轰，灯彩炳耀，爆竹之声震动一城。"到民国《海康县续志·坛庙》云："雷俗亦多祀三婆婆神。云是天后之姐，以三月二十二日为诞辰。考刘世馨《粤屑》云，浔州天后庙有碑记叙述天后世系言自莆田庙中抄出者，称天后有第三姐，亦修炼成仙。则三婆婆有来历，非子虚也。"这实是从妈祖衍生出来的海神崇拜。广西北部湾京族，还有祭四位婆婆和六位灵官的风俗，也可能和妈祖崇拜有某种联系，属地方性神灵。

从沿海到内地

从宋代起闽潮商人即活跃于海南，因此，岛上妈祖庙非常多。明嘉靖《琼州府志》曰："今渡海往来者，官必告庙行礼，而民必祭卜方行。"地方志记载天后庙在岛南端崖州有6座，西北儋县有4座，其他州县难以历数，以海南四周多港湾之故也。

妈祖作为源于民间的神祇，不仅庙宇多，而且祭祀盛。每逢农历三月二十三日妈祖诞日各地多举行游神、演戏等群众性风俗活动，如在海南定安县，"各会首设庆醮，或请神像出游，谓之'保境'"；在佛山，"人事之甚勤，以居泽国也。其演剧以报，肃筵以迓者，次于事北帝"；在东莞，老百姓"衣文衣，跨宝马，结彩栅，陈设焕丽，鼓吹阗咽，岁费不赀"；在广西贵县（今贵港市），"其他赛会迎神演戏，则关帝、观音、天后、龙母、北府、东岳、三界各庙宇，昔日亦各有神会"；在郁林（今玉林市），有"念（三月）三日，天后神诞"的盛大活动。故清范端昂《粤中见闻》云："吾粤水国，多庙祀天妃。"著名水乡顺德（今佛山市顺德区），清咸丰年间（1851—1861）即有天后庙47座。举凡岭南河网发育和临海地区大都有天妃庙。据有关方志记载，广州、佛山、开平、高明、鹤山、高要、封开、四会、广宁、新兴、德庆、郁南、阳江、阳春、中山、花县、台山、赤溪（今属台山）等地，并溯西江入广西沿江各地都有数量不等的天妃庙。广东增城新塘、仙村等水乡的群众每出海前都要到庙前拜祭妈祖。这种虔诚的致祭风靡天妃崇拜所到之处，形成从沿海向内地扩散的格局。

另外，以天妃命名的地名也很普遍，如广州即有一德路天后巷、西华路天后里、带河路天后直街、光复北路天后庙前街、芳村天后庙前街等多条天后街（巷）。

平民文化

妈祖被视为勇敢、无畏、正义、慈爱的化身，有涉波履险、热爱公益、济世救民的美德，是沿海人民勇于开拓、冒险、进取精神的象征。妈祖文化植根于民间，是平民文化的一部分。妈祖原为民间的一个普通女子，羽化升天后，被人们尊为拯救海难、护佑船只的海神，后又成为民众祈求功名、福禄、生意、婚姻、风水、平安等的神祇，在大部分妈祖庙里以求这类签的人为最多，所求的内容涉及社会生活的各个层面。

虽妈祖多次被朝廷赐封，但这并不能改变妈祖来于民间、存在于民间、为平民百姓爱戴和祈望的实质。从这个意义来说，妈祖是民间自发奉祀的神祇，有深厚的群众基础。因此妈祖庙宇很多，祭祀兴盛，信众遍及各阶层，分布在世界各地，反映了妈祖文化的普及性和平民性的风格。

而在观念文化中，平民性是岭南文化的一个特征。有学者认为，"岭南观念文化中的平民性特征是十分明显的，表现之一是普遍心理上，平等观念较重"。当然，平民性并非妈祖文化所特有，但妈祖文化在这方面较突出。

慈母的化身

妈祖也被视为慈善、无私的母亲的化身，她漂行于无垠的大海，到处去救苦救难，给人们带来平安和吉祥。这个形象有别于西方的海神形象。有人指出西方海神的代表、希腊文化中的波塞冬也产生于海洋崇拜，但他是一位恶神，是海上的强者，可以给人类制造灾难。英国史学家赫·乔·韦尔斯说：西方古代航海"通常不是为了经商，而多半是为了进行海盗袭击。……最初航海的人能掠夺就掠夺，到不得已才从事商业"。有学者认为："西方的海洋文化，其实是一种战神文化。"

妈祖作为东方海洋文化的一个代表，体现了博大的母爱精神，因而拥有无数的信众。岭南人崇祀的神祇中有许多女神，如广东汉族民间节令活动所供奉的神祇很多是女神，如冼夫人、天后、龙母、何仙姑、金花娘娘、盘古王母、五谷母、紫姑等。妈祖既为女性神，又具母爱文化的内涵，一经传入岭南，很快融为岭南文化的一部分。

和平友好、自由平等的化身

妈祖也被视作和平友好、自由平等的化身。自宋代妈祖文化兴起，并为岭南商人、水手、渔民等笃信以来，岭南商人一直与南海周边国家和地区的商人和平相处。明代郑和七下西洋，敬奉妈祖为航海保护神。郑和远航实际上是一种和平、友好的对外交往活动，也彰显了妈祖文化之和平、友好的内涵。

宋代以来，粤闽海商在南海周边国家和地区所进行的是自由贸易，与当地百姓互通有无，交易完成便起程回国。宋元时期，外商可以自由地在广州、泉州等地居住、经商，广州自唐代起设专供外商居住的"蕃坊"。明清"海禁"，但仍保留广州一口对外通商，南海仍有一定的自由贸易，使千年海上丝绸之路继续发展。这种自由贸易，符合妈祖文化崇尚自由的内涵。

妈祖文化从发祥地福建莆田传向其他沿海地区，传到日本、朝鲜及东南亚、欧美等国家和地区，如在日本的长崎、神户及很多岛上就有数十座妈祖庙宇，马来西亚有30多座。很多地方成立"妈祖会"，无论官民、贫富，不分民族、族群等都一样祈求妈祖的庇护、保佑。妈祖的平等精神用于经商、内外交往等，就是中国人历来对海内外各民族都一律平等。孙中山1900年在台湾同梁启超一起为一座天后宫题联云："向四海显神通千秋不朽；历数朝受封典万古流芳。"

有些妈祖庙祭祀的神祇，除了妈祖，还有其他神仙。如澳门的莲峰庙不仅供奉妈祖还供奉观音、关帝、神农、痘母娘娘、金花娘娘等。而祭拜者也不一定专拜某个神明。这种现象的根源应归结于岭南海洋文化是一种适应性广、包容性强的文化。

五、其他海神

龙蛇神

龙蛇为古越人的图腾，后演变为神，为不少民族、族群所崇拜。在福建、广东、浙江、广西、海南等地流传的人蛇婚配的故事，即反映了古越族与蛇崇拜的关系，如东南沿海地区的《蛇郎君故事》就是这类传说。

近年在珠江口珠海高栏岛宝镜湾发现相当于春秋或更早时期的摩崖石刻上有花卉、藤叶、果实、蛇、猴、鹿及其他走兽的图案，有研究者认为其中的蛇图案反映了古越人在航海或水中作业中祈祷平安、希望得到蛇神保护的愿望。

另外，如前述，古越人为了方便在水中活动、吓跑水中鬼怪以保护自己，也"断发文身"。文身图案中有龙、蛇、龟、蛙等，这些图案至今在海南黎族、广西壮族等的文身或服饰上仍有遗存。有研究者认为这是古越人作为这些少数民族的祖先，曾以龙蛇等为本民族崇拜的图腾的一种体现。反映了他们的活动与江河、海洋环境有密切的关系。

龙的原型实为鳄，举凡南海港湾、三角洲河口和大河深潭等在古代都是鳄的渊薮。关于岭南鳄的记载最早见于汉代史籍，但以唐代记录最多。韩愈贬潮州，一纸《祭鳄鱼文》把鳄驱赶到海里去了，虽是夸大之辞，但潮州多鳄鱼却是事实。据文献记载及出土的鳄鱼骨骸证实，南海港湾和入海大河中，既有咸水型湾鳄，也有淡水型马来鳄。唐代以前，鳄在岭南广泛分布。唐以后，大量鳄被捕杀。在海南岛和香港，清代仍有鳄出没的记录。鳄伤害人畜，但又充满令人敬畏的力量，被古越人视为龙母，受到崇拜。在西江流域，大小龙母庙遍布，新中国成立前龙母庙数以千计，肇庆、佛山、广州、梧州，以及香港、澳门等地较为集中，仅肇庆德庆县就有300多座。其中以德庆悦城龙母祖庙最为著名。这座规模宏大的龙母庙至今已有2000多年历史。

南朝沈怀远《南越志》、唐刘恂《岭表

录异》、清屈大均《广东新语·神语》等文献中都有龙母为温姓夫人的记载。自汉代以来，龙母多次受到敕封。明洪武初，"诏称程溪龙母之神"。龙母被神化以后，被当地人视为保护神。每逢农历五月初八龙母诞，来自两广西江地区、珠江三角洲、香港、澳门、湖南、江西，甚至海外的祭拜者往往数以万计。

清康熙卢崇兴《悦城龙母庙碑记》载："从此，往来之士庶农商报赛祷祝者络绎如织，千百年如一日也。"据2000年叶春生教授《岭南民间文化》一书统计，仅西江流域就有数以百计的龙母庙。

岭南多蛇。闽越最为崇蛇。闽人后大量迁入粤东和琼雷地区，蛇崇拜也在当地流行，神蛇享有很高的地位。清吴震方《岭南杂记》记载蛇神崇拜在广东潮州、东莞，以及广西梧州盛行的情景：

> 潮州有蛇神，其像冠冕南面，尊曰游天大帝。龛中皆蛇也。欲见之，庙祝必致辞而后出。盘旋鼎俎间，或倒悬梁橡上，或以竹竿承之。……闻此自梧州而来，长年三老尤敬之。凡祀神者，蛇常游憩其家，甚有问神借贷者。

余入粤游于东莞，偶行市中。见有门施绯幔，内作鼓乐者。叟童男女杂沓于门，语侏僞嘈嘈不可辨，而入者咸有惊异非常之色，出者如瞻礼天帝庙庭，退而不敢忘端肃之状，心窃怪之。随众而入，见庭中铺设屏幛，几案樽俎甚备，香烟郁郁，灯火荧荧。执乐者列两旁，鼓吹迭奏，几上供一磁盎，盎中小树数株，有小青蛇蜿蜒升降于树间……主人鞠躬立案左，出入者以次膜拜。苟越次不整，主人正色约束，皆唯唯惟命。

蛇在潮汕称为青龙，庙曰"青龙庙"。不过，青龙庙祀祭的是安济圣王王伉。据传王伉是蜀汉永昌郡人，因守城捍贼有功，被川滇人奉为神明，后骑蛇飞升，变为蛇仙。又传明代有位云南人来潮州为官，在城南建"青龙古庙"，祭祀蛇仙王伉。民间称王伉为"青龙爷"或"大老爷"。清咸同年间（1851—1874），潮州已有青龙庙多座。

这些庙多在正月二十三日开始游神活动。光绪《海阳县志·信仰民俗》云："正月青龙庙'安济王会'……届时奉所塑神像出游，箫鼓喧阗，仪卫煊赫，大小衙门及街巷各召梨园奏乐迎神。其花灯则各烧烛随神驭夜游，灿若繁星，凡三夜，四远云集，糜费以千万计。"1935年2月该县的一次游神，"赛会三昼夜，万人空巷，盛况罕见。邻近县市及海外华侨来潮赴会者不下十余万"。过去当地人每见小蛇即接回家，让其蟠伏于香案上，然后敲锣打鼓，游行于市，再送回庙中，其时当地祀蛇神风气可见一斑。

在珠江三角洲和广西，祀蛇的庙宇称三界庙。屈大均《广东新语·神语》有听神蛇决是非的记载。明代南海人邝露《赤雅》中也记载在广西平南县有三界庙（也叫青蛇神庙），当地人祀祭甚勤。

此外，蛇神崇拜也流行于雷州半岛。如湛江附近即有"黄蛇仙"的传说，后当地人在湖光岩北面建立蛇仙塑像，供人奉祀，香火颇盛。盖因雷州半岛多闽潮移民，蛇神崇拜随移民发生文化转移而形成。

广东梅州一带也祭祀蛇神安济圣王，且这一习俗形成的历史并不比潮州晚。宋王象之《舆地纪胜》谓梅州有"安济王行祠，在城东隅。其庙在恶溪之滨。崇宁三年赐额"，恶溪即今韩江。又乾隆《嘉应州志·杂记部》也载："安济侯庙，梅溪岸上，俗名梅溪宫，祀梅水之神。"这里安济圣王被视为助人汹渡的河神。客家山区水流湍急，常有山洪暴发，危及途人安全，故多建有蛇王宫之类庙宇。

蛇神崇拜在岭南各地较为普遍。但也有例外，如广东信宜客家人认为蛇是鬼的化身。阳江地区也流传"见蛇不打三分罪"之说。这可能与环境或原居地文化影响有关。但不管怎样，龙蛇神崇拜是岭南地区的一种很古老、延续时间很长、较为流行的动物神崇拜现象。

雷神

南海沿岸处于海陆相互作用地带，两种性质不同的气流接触，加上气候蒸郁，极易产生雷电，雷州半岛即因雷多而得名。粤东沿海，有多条与海岸平行的山脉，水汽沿山坡上升，也容易产生雷电，是产生雷神崇拜的自然地理背景。因这些雷神庙多在海岸带，且多雷地区离不开海陆界面的相互作用，故雷神也可列入海神的范围。

岭南地区最大的雷神庙在雷州城西的英榜山上，称雷祖祠。这位雷神被当地人称为"雷首公"。当地人认为"雷为万物之首"。关于地球生命起源，有一说认为雷电使空气电离产生氮，与碳氢合成最原始的蛋白质，存在于原始海洋中，而蛋白质是生命存在的方式，后来进化、衍生出各种生物。清宣统《海康县续志》说："雷出万物出，雷入万物入，入然除弊，出然其利"，因此古人对雷神"畏敬甚谨慎，每具酒肴奠焉"，"或有疾即扫虚室，设酒食、鼓吹、幡盖，迎雷于数十里外，即归屠牛豕以祭"。

相传雷州刺史陈文玉，为民谋福祉，深得雷州人民的爱戴，死后被当地人奉为雷神。贞观十六年（642）唐太宗颁诏书褒扬，敕赐立祠郡城，设庙祭祀，庙名"灵震"，即今雷祖祠。当地人每年定期到雷祖祠（该祠建成之前是到古雷公庙）献雷鼓、雷车（用于载鼓），举行祭雷活动。这种祭雷仪式唐代以后被称为"雷州换鼓"。《雷祖志》载："至于……雷车雷鼓等物，各以板图藏于庙内，令郡民当里役者依样修造，逢上元日，齐候文武各官送入庙致祭，名曰'开雷'。……官民同乐，始得风调雨顺，不然则岁悍年凶。自是有祷则应，雷郡获享国泰民安之福。"但这种祭雷仪式早已失传，今仅能从当地的文献典籍中窥其一二。

此外，电白、遂溪也有雷祖庙。雷州半岛出产的玻璃陨石实为流星散落物，当地人称之为"雷公墨""雷公石"或"霹雳砧"，认为它们有避邪、镇惊的功能，视之为神器加以崇祀。这可视为雷神崇拜的衍生物。屈大均《广东新语》中说："六月二十四日，雷州人必供雷鼓以酬雷，祷而得雷公之墨，光莹如漆，则以治邪魅惊痫。"雷州雷祖祠至今犹存，占地约5000平方米，是全国重点文物保护单位。雷州半岛不仅有擎雷山、擎雷水等地名，雷歌、雷剧等独特的民间艺术，刻画云雷纹的器皿，而且还有以雷壮其声、雄其胆、振其神、奋其志的民风等，这些在不同层面上折射了昔日人们对雷神的崇拜。

潮汕沿海有桑浦山、莲花山，与盛行的东南风几乎呈垂直相交，多雨多雷，因此当地人也普遍信仰雷神。饶平县东界区有建于明崇祯十年（1637）的雷神庙，所祀祭雷神是一尊半鸟半人的塑像，与福建漳州、泉州一带"鸡头人身"、广西壮族地区"鸟嘴人身"及广东南海"鸟喙雉翼"等雷神塑像相似。盖因这些地区过去都是古越人的居地，有共同的文化渊源。饶平雷神庙是粤东现存唯一的一座大型雷神庙。但历史上潮汕地区的雷神庙谅不在少数，如宋代潮州有"雷、雨师坛，在北厢摧锋寨之左"。今潮州还有和雷州雷祖祠同一形制的雷神庙，可以想见过去潮汕地区雷神崇拜之盛行。

海南黎族地区也有关于雷的传说。清代陆次云《峒溪纤志》说："相传太古之时，雷摄一卵，至山中遂生一女，岁久有交趾蛮过海采香，与之相合，遂生子女，是为黎人之祖。"邓淳《岭南丛述》也记："刘谊《平黎记》云，故老相传，雷摄一蛇卵在此山中，生一女，号为黎母，食山果为粮，巢林木为居。岁久，交趾蛮过海采香，与之结婚，子孙众多，亦开山种粮。"这些传说反映了母系氏族社会时期人类的活动。其中交趾蛮居住在中南半岛今越南一带，渡海入琼采香，又繁衍出黎族子孙，这既是民族往来也是文化往来，北部湾则成为彼此间往来的通道。

雨神

南海沿边有不少三角洲平原和海岸平原、台地，都是主要农耕区，这在地名上也有所反映。如粤西漠阳江、鉴江流域即有不少以"那"字为起首的地名。"那"在古越语为"水田"之意，古越人很早就有了耕耘农业，稻作是其文化特质之一。潮汕平原也是岭南主要稻作区之一。在沿海地区，海气作用非常强烈，故降雨季节和地区分布与农业丰歉关系极大。古越人祈盼风调雨顺，雨神崇拜也随之产生。

南海雨神崇拜见于潮汕、广州、雷州半岛等地，皆沿海岸线分布。最有代表性的雨

揭阳市榕城区登岗镇圣者古庙供奉的风雨圣者塑像（360图片网）

神是风雨圣者（又称雨仙、雨仙爷、仙爷等，孙畔人称其为祖叔公）。他原名孙道者，南宋乾道九年（1173）生于桃山都孙畔村（在今广东省揭阳市榕城区登岗镇）的一户农家，父母早丧，由兄嫂抚养长大。传其9岁能唤雨，12岁入郡，代官祷雨，城中降雨积水三尺。有一天，这位年仅12岁的神童在宝峰山顶放牛时，突然踪影皆无。传说他得道成仙了。当地官员将他的事迹上奏朝廷，皇帝敕封他为"灵感风雨圣者"。当地百姓为感谢他行云布雨消灾的恩泽，便在他飞升的宝峰山上建了一座砖塔，又在他降世的地方建了一座庙宇，塑了一尊头戴竹笠、肩荷锄头、赤足卷裤筒的圣童像，奉为"灵感风雨圣者爷"。

宋代以来在潮汕各地皆建有雨仙庙，现在尚有20多座，仅登岗镇就有6座，其中最著名的一座为"圣者古庙"，始建于宋。门联云："功在宋代封圣者，泽披潮郡称雨仙。"

此外，潮汕地区祭祀的清水圣王，也是一位雨神。这位雨神传为福建人陈应，宋元丰年间（1078—1085）飞升，后被立庙供奉。这也是闽文化传入潮汕的一个例证。

在雷州半岛，气候干热，苦旱危及民生，雨神自古即受到崇拜。今雷州西湖为古代官民求雨的地方，后在湖边建"龙宫"，供奉龙王、龙母、龙女等水族神祇。雷州半岛三面临海，有雷神庙，也有雨神和风神庙（在雷州城北），三神皆离不开海洋，从侧面反映了生活在干热环境下的雷州半岛上的人们对雨水的迫切需求。

海南儋州和广西沿海也建有龙王庙，如儋州龙王庙、北海龙王庙等。两广沿海，尤其是北部湾一带的渔民每年农历二月初二都要举行隆重的祭祀仪式，祈求南海龙王显灵，保佑全年风调雨顺，物阜民安。

北帝

北帝或真武帝，也称黑帝，名玄武，为古神话中北方之神。在中国的五方五行理论中北方属水，北帝司水，属水神或海神。故岭南人祭北帝。

屈大均《广东新语·神语》释曰："粤人祀赤帝，并祀黑帝，盖以黑帝位居北极而司命南溟；南溟之水生于北极。北极为源而南溟为委。祀赤帝者以其治水之委，祀黑帝者以其司水之源也。"按：赤帝一说为祝融，司南海，如屈大均在同书中又说："祝，大也；融，明也。南海为太阳之地，其神沐日浴月以开炎天，故曰祝融。"所以广州南海神庙也是祝融享受人间香火的庙堂。南海神庙建于隋，则北帝应是其后被请进庙中，有可能是宋元之事。

"粤多庙祀真武"，因"吾粤固水国也，民生于卤潮，长于淡汐"。珠江三角洲多水，北帝庙也多，以佛山真武庙（俗称祖庙）规模最为宏大、影响最广。《广东新语·器语》曰："岁三月上巳，举镇数十万人，竞为醮会。……凡三四昼夜而后已。"广西西江地区的北帝庙也多，北帝诞这天，梧州一带"士民贺神酬愿"。阳江、台山一带旧也有北帝庙，也与它们临海有关。

伏波神

汉代在岭南平乱有功的伏波将军路博德、伏波将军马援身后受到当地人设庙奉祀。从粤北到海南，从桂北到北部湾，在他们行军的水陆交通线上，都有伏波庙。嘉靖《广东通志》即载有广东韶关、海康（今雷州）、徐闻、琼山等地的伏波庙。屈大均《广东新语》云："凡渡海自番禺者，率祀祝融、天妃；自徐闻者，祀二伏波。"两伏波被列入海神之列。同书又曰："伏波祠，广东、广西处处有之，而新息侯（指马援）尤威灵。"今海南三亚天涯海角两伏波塑像，即寄托了海洋社会的人们对平安、吉祥的祈盼。

伏波神崇拜主要在广府系、潮汕系和雷州系地区流行，留下的遗址遗存和传说也最为丰富。如广西郁江横县伏波庙不仅规模大，而且祭祀也十分隆重。每年前往该庙祭拜者多达5万人，沿江的人家大都供伏波神像。而在客家地区，除粤北韶关有一处庙宇外，伏波神崇拜不普遍，这显然与内地的地理环境和历史事件发生的地点有关。

南海观音

观音，亦称观世音、光世音、观世自在、观自在等，唐时因避李世民之讳，而将"世"字省去。其名通常解释为：菩萨时刻观察世人念诵其名号的声音而拯救之，故名观世音。又以其观察世界而自在地拔苦与乐，故又名观世自在。

自姚秦弘始八年（406）鸠摩罗什译出《妙法莲华经》后，法云、智颚、湛然等僧人进行了广泛的宣传，观音信仰在中国民众

海南省三亚南山寺南海观音像（360图片网）

中迅速流传开来。隋唐以后，随着佛教的兴盛，许多寺庙出现专门供奉观音的殿、阁、堂，并开辟了说法道场。观音造像亦日趋中国化，女相观音也多了起来。

在中国流行且普及的女相观音形象有水月观音、白衣观音、鱼篮观音、南海观音等。观音被认为具有"大慈与一切众生乐，大悲与一切众生苦"的德能，能救12种大难。"千处祈求千处应，苦海常作渡人舟"等赞叹观音之语也广为流传。自隋唐以来，观音信仰随佛教的兴盛在中国民间深入人心。观音被赋予的"诸恶莫作，众善奉行；大悲心肠，怜悯一切；救济苦危，普度众生"的慈航普济精神，特别能引起沿海民众尤其是广大渔民的共鸣，被视为海上保护神和慈母的化身，成为沿海地区和海岛渔民供奉的一位主要神祇。

岭南濒临南海，以海为生者众，观音信仰很普及，与之有关的庙宇和塑像很多，如东莞观音山顶观音寺，番禺莲花山的观音像，深圳东部华侨城大华兴寺的观音金像，澳门观音堂、观音莲花苑，香港红磡观音庙、慈云山观音庙、赤柱观音寺等。

其他海神

随着海上交通的发展，南海沿岸和一些岛屿上也建立了一些海神庙，但这些庙所祭祀的不一定是南海神或妈祖，也有番神。如海南万州（今万宁）莲塘港有建于宋代的昭应庙，《道光琼州府志》称"昭应庙，在城东北三十五里，其神俗呼为舶主。明洪武三年，同知乌肃以能御灾捍患，请于朝，敕封为新泽海港之神"。《图书集成职方典》中也有大致相同的记载，并称该庙："祀忌豚肉，往来船支（只）必祀之，名曰番神庙。"宋代南海航运发达，海南岛东部为航线所经。有研究者认为，从记载看，该庙当是阿拉伯商人航海经此所立，是中阿海上丝路往来的一个见证。

事实上，在南海诸岛和近岸地区受祭拜

的还有其他神灵，如海南渔民还信奉南天水尾娘娘和108兄弟神。南天水尾娘娘的庙宇主要分布在海南省文昌市、海口市、琼海市等地，是海南本土的自然神。108兄弟神，相传是108位从海南前往南洋的"新客"，在七洲洋海面遇难，后被渔民奉为海上保护神，称"昭烈108兄弟神"，是一种地域海神。在潮汕地区，这类地域海神有南海圣王、镇海三将军石、莱芜神女、长年公、火帝、竹龙神等。

王荣国在《海洋神灵：中国海神信仰与社会经济》一书中提到汕头市玉井乡（今金平区）有一座"南海圣王庙"，庙旁立有一个有眼睛和鼻子的石虎，被称为"敕封南海王"。还有一些地方将南海王统称为大王，其庙宇则被称为"大王庙"。如在广东阳江沿海一带就有这类庙宇。此外，在揭阳新亨镇还有耍竹龙的旧俗。在当地人的心目中，竹龙是南海圣王的化身。据说这一习俗始于明代。每年农历正月十四夜，当地村民将代表南海圣王的竹龙供起祭礼。耍龙队伍在三声炮响、锣鼓齐鸣中起行。耍竹龙的队伍中伴有天后圣母、三山国王、南海圣王等12尊偶像，行至以草料烧成的火圈处便停下，由两人抬的三山国王与三人抬的竹龙绕火圈互相追逐，以追上前者为胜，直至全部地点都耍完。正月十五日晚送龙。当村民听到"呵……"之声，便要关门闭户，避免碰到送龙的人触霉头。翌日，送龙人到南海圣王庙取回一份拜祭南海圣王的法肉，耍竹龙的全过程才结束。

镇海三将军石指汕头海门港莲花峰旁边被封为"镇海将军石""宁海将军石""静海将军石"的三块巨石，被潮汕地区的渔民视为镇海神。海南也有这类镇海神，而且历史悠久。苏东坡在《峻灵王庙记》中写道："绍圣四年七月，琼州别驾苏轼以罪谴于儋，至元符三年五月诏徙廉州，自念谪居海南三载，饮咸食腥、陵暴雨飓雾而得生还者，山川之神实相之。谨再拜稽首，西向而辞焉。"苏东坡所感谢的这位山神，汉代被封为镇海广德王，宋代被封为峻灵王，实被视为镇海之神。苏东坡在文中说："自徐闻渡海，历琼至儋耳，又西至昌化县西北二十里，有山秀峙海上，石峰巉然，若巨人冠帽西南向而坐者，里人谓之山胳膊。而伪汉之世，封其山神为镇海广德王。……皇宋元丰五年七月，诏封山神为峻灵王。"显见，其时的山神和海神往往被认为是可以相互沟通和变身的。

莱芜神女是汕头市澄海区渔民崇拜的海神。相传这位神女本是凤凰仙姑的弟子，因见当地渔民深受海怪危害，便下凡为民除

化身为莱芜岛的莱芜神女（360 百科网）

害，却被玉帝派天将处死，后化身为莱芜岛。这位神女被当地渔民视为保护神，备受推崇。

火帝兴起于潮州澄海樟林港，被称为大老爷。清乾隆到嘉庆年间（1736—1820），樟林港的商业贸易非常兴盛，火帝作为港口神受到隆重祀祭。这在光绪年间（1875—1908）的潮州歌册《樟林游火帝歌》中有详细的描述。整个游神活动从农历二月十二一直持续到二月十五："八街尽盖攒天来，街吊灯橱共灯牌。纱灯活灯柴头景，龙虎狮象做一排。……亦有古玩走马灯，青景奇花样样精。彩有飞禽共走兽，亦有海味绣球灯。"再加上威武雄壮的仪仗队，热闹非凡。游火帝是粤东地区祭海神的一项风俗活动，风靡城乡，甚至连南澳、饶平等地的居民也被吸引过来。

在雷州半岛，渔民还祭祀海神江起龙。据郝玉麟《广东通志》载，江起龙为江南徽州人，清初任雷州军事重镇白鸽寨（今湛江市麻章区太平镇通明村）水师参将，康熙元年（1662）晋升副将，后驻师徐闻海安口，康熙五年（1666）出洋捕盗，因飓风大作，舟覆而亡。雍正八年（1730）广东布政使王士俊上折请求朝廷赐给江起龙爵位。翌年，朝廷封江起龙为"英佑骁骑将军之神"。同年，徐闻海安城建江公祠，"往来渡海者必虔礼焉"。

随着社会经济的发展，人们的各种需求也在发生着变化，有不少神祇的社会功能也随之被扩大，还有一些原来产生于陆地的神祇也渐为近海居民所信奉，成为海陆共祭的神明。如关公，本为三国时刘备手下一员武将，以重义气、轻钱财闻名天下，死后被奉为财神，人们祀祭甚勤，香烛四时不断。海商也崇祀关公，视之为可保佑他们在海洋贸易中发财致富的海神。南澳岛后宅镇有座关帝庙，每逢农历五月十三日关帝圣诞和七月十五日中元节，当地都会举行祭海活动，享受香火的有关羽和其他海神，以及海难中的亡灵。渔民和海商在岸上和海船上的神龛中都供奉关公神像或牌位。关公作为海神，更随着海洋移民传到海外，如在东南亚移民中信仰关公的现象很普遍。

地域海神崇拜各有其祭祀对象，虽纷繁复杂，但被赋予的功能却大体一致：护佑航海贸易和渔业平安顺遂。广州地区的海商、渔民祭祀的海神除了南海神、妈祖、北帝、龙母等，还有崇福无极夫人。据元代佚名《湖海新闻夷坚续志·后集·神明门》载，广州城南五里有崇福无极夫人庙，商船往来，无不乞灵于此，而"凡过庙祈祷者，无不各生敬心"。即使航行到大海腹地，凡见有可祀拜之物，过往的海商、渔民都会虔诚拜祭。宋吴自牧《梦粱录》说南海航线"去怕七洲，回怕昆仑"。七洲洋即今西沙群岛，海况复杂，险象丛生。过去航海者认为是海中鬼怪作祟，明代张燮《东西洋考·舟师考》云"舶过，用牲粥祭海厉，不则为祟"，祭过"海厉"，航海者才心里踏实。南海航线上的一些岛礁，也被视为神灵。如在今越南中部附近海域上的灵山，为海舶停靠地。据明人费信《星槎胜览》"灵山"条载，灵山"山顶有石块似佛头，故名灵山。……其往来贩舶，必于此樵汲。……船人斋沐三日，崇佛讽经，然放水灯彩船，以禳人船之灾"。如果因种种原因不能靠近神灵所在的岛礁，航海者则采用遥祭。张燮《东西洋考·舟师考》记郑和下西洋航线上有乌猪山，"上有都公庙，舶过海中，具仪遥拜，请其神祀之"。向达《两种海道针经》说，"都公者，相传为华人，从郑中贵抵海外归，卒于南亭门。后为水神，庙食其地。舟过南亭必遥请其神，祀之舟中"，以保佑船舶一帆风顺。抵达目的地后，航海者往往有酬神演戏之举。如新加坡有潮州人建粤海清庙，旅新加坡的广东人、海南人往往前去祀祭。

实际上，在古代，海洋中的一些哺乳动物、鱼或者自然现象，也会被赋予超自然的力量而受到人们崇拜。清代范端昂《粤中见闻·地部九·广海》云："龙穴洲常有龙出没，蛟蜃之气尝蒸为城阙、楼台、人物、车骑，错出于层峦叠巘间，舟行海中弗见也，自外望之，变幻斯见。即之辄远，离之复近，虽大风雨不能灭。"这种见于海边的海市蜃楼，过去也常被披上一层神秘的色彩。

海中有怪鱼之说，过去也广为流行。如传说南海有"海人（可能是儒艮，俗称美人鱼）"。明代黄衷《海语》"海神"条记，明弘治初年，广东督学大金淮阳人韦彦质将往琼州视学，从陆路至徐闻乘船渡海，"方登海舟，此物（即'海人'）升鹢首而蹲。举舟皆泣",担心葬身鱼腹。古人甚至认为,大海中生活着一种称为"鲛人"的人类,与陆地人类一样,从事生产活动,组成水下社会。"鲛人"的传说源远流长,晋人干宝《搜神记》、宋人李昉《太平广记》、清人黄节《海夜》中皆提到过"鲛人"。

屈大均《广东新语》说:"尝有海神临海而射,故海浪高者既下,下者乃复高,不为民害。……凡渡海风波不起,岛屿晴明,忽见朱旗绛节,骖驾双螭,海女人鱼,后先导从,是海神游也。"在这里,海神被认为不仅能支配海上航行,而且还能控制海浪高低。

琼州海峡素以风大浪高而闻名,古人认为这是海神在发怒所致。这些海怪、蛟螭很有可能是海中大型哺乳动物或各种海上自然现象,如龙卷风之类。古代不少地方建海神庙以求神平息浪潮、驯服海怪。如雷州市附城镇夏岚北村即有建于明代的"靖海宫",庙内供奉有妈祖的神像。这显然与该村临海、耕海等有关。

古代科学不发达,人们对自然现象缺乏理性认识,特别是对海洋的陌生和惧怕,是产生海神崇拜的深层原因。

六、海神庙

揭阳圣者古庙

　　该庙位于广东省揭阳市榕城区登岗镇，始建于宋代，后多次重修，现在保留了明清建筑的风格。庙内供奉雨神——风雨圣者。庙宇嵌瓷绘画，雕梁画栋，玲珑典雅，为潮派建筑。

　　该庙虽不大，但声名远播。民国十六年（1927），贺龙、叶挺率领国民革命军东征军，途经登岗，驻扎在孙畔村（今揭阳市榕城区）和圣者古庙内。革命军纪律严明，秋毫无犯，至今仍传为佳话。大革命时期，革命者彭名芳（烈士）曾在古庙内秘密成立农会，组织农民赤卫队。2019年该庙被列入市级文物保护单位。

汕尾凤山祖庙

该庙位于汕尾市区东面的品清湖畔，始建于明崇祯九年（1636）。清康熙二十二年（1683）十月宣布开放海禁以后，汕尾港得到很大的发展，出现了"商旅两集、舟楫如云"的兴旺景象，凤山祖庙也因此于清乾隆七年（1742）得以扩建。

该庙是福建湄洲妈祖庙的分灵行宫，为粤东最负盛名的妈祖文化传播中心。每年农历三月二十三日妈祖诞，当地民众纷纷前往妈祖庙参加庙会活动。庙会期间传统的民俗活动有妈祖出巡、争抢炮头、演戏和祭拜进香等。

汕尾凤山祖庙（360图片网）

20世纪80年代以来，该庙进行了大规模扩建，新建成天后阁、钟鼓楼、妈祖石像以及凤山公园内的妈祖圣迹馆和妈祖文化广场等。妈祖圣迹馆是介绍妈祖生平、传说、圣迹的艺术馆。位于凤山顶凤仪台上的妈祖石像，高16.83米，重约1000吨，由468块花岗岩石雕成。石像旁有冰心先生所题"天后圣母"四个大字。

位于凤山顶凤仪台上的妈祖石像（过山风《世界和平颂女神》，凡夫摄影网）

佛山祖庙

佛山祖庙位于广东省佛山市禅城区祖庙路21号，始建于北宋元丰年间（1078—1085），代有重修，至清代逐渐成为一座结构完整、具有浓厚地方特色的庙宇建筑。该庙为岭南古建筑三大瑰宝之一，现为国家级重点文物保护单位。

该庙供奉北帝。唐宋时珠三角一带多水患，而北帝是传说中治水的神，加之广东人有以水为财的观念，北帝崇拜由此成为珠三角海洋民俗的一个典型，寄寓了当地人渴求风调雨顺、物阜民安的愿望。当地人视祖庙为福庙，每逢传统节假日，珠三角一带的老百姓前往祖庙朝拜祈福者众。

广州南海神庙

该庙始建于隋开皇十四年（594），位于广州黄埔区庙头村，是我国古代最大、最重要的南海神祭祀地，也是我国古代对外贸易的一处重要史迹。2013年，该庙被列为全国重点文物保护单位。

该庙坐北向南，规模宏大，庙外有"海不扬波"的石牌坊，表达了古代人民祈求航海平安的愿望。

唐宪宗元和十四年（819），韩愈应好友孔戣（孔子的第38代世孙）之请，撰《南海神广利王庙碑》。该碑文对研究南海神庙的起源、发展，及唐代祭海习俗和海上贸易往

广州南海神庙的牌匾（360图片网）

浴日亭（360图片网）

来等具有重要的参考价值。

北宋绍圣元年（1094），苏东坡被贬至岭南，途经广州时，前往拜祭南海神。他登上看海亭，挥笔写下了《南海浴日亭》诗：

> 剑气峥嵘夜插天，瑞光明灭到黄湾。
> 坐看旸谷浮金晕，遥想钱塘涌雪山。
> 已觉苍凉苏病骨，更烦沉瀣洗衰颜。
> 忽惊鸟动行人起，飞上千峰紫翠间。

故此亭也被称为浴日亭。慕名而来观赏"扶胥浴日"的文人墨客络绎不绝，留下了不少与苏东坡应和的诗句。其中最著名的是明代大儒陈献章《浴日亭次东坡韵》：

残月无光水拍天，渔舟数点落前湾。
赤腾空洞昨宵日，翠展苍茫何处山。
顾影未须悲鹤发，负暄可以献龙颜。
谁能手抱阳和去，散入千岩万壑间。

澳门妈祖阁

澳门妈祖阁，也称妈阁庙、天后庙，始建于明弘治元年 （1488），位于澳门半岛的西南面，是澳门三大古刹之一，庙内主要供奉妈祖。

该庙依山临海，倚崖而建，周围古木参

澳门妈祖阁（360图片网）

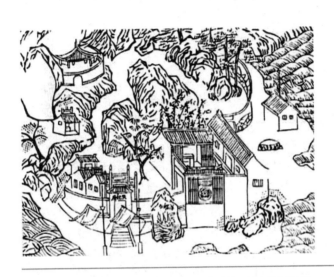

《澳门纪略》中的妈祖阁（邓开颂、谢后和著《澳门历史与社会发展》）

天。庙内花木错落，岩石纵横，景色清幽，主要建筑有"神山第一"殿、正觉禅林、弘仁殿、观音阁等。在妈阁庙之左，有一块"洋船石"，石上刻有一艘古代海船，桅上有旗，上刻"利涉大川"，出自《周易》的卦、爻辞。

妈祖阁历来香火鼎盛。每年除夕和农历三月二十三日妈祖诞，这里更是人山人海。据说澳门之名也与妈祖阁有关：明嘉靖三十六年（1557），葡萄牙人从妈祖阁附近登陆，问当地人这里是什么地方，当地人以为问的是妈祖阁，便答"妈阁"，于是葡萄牙人便称澳门为Macau（即"妈阁"的葡语音译），并一直沿用至今。

香港新界大庙湾天后庙

该庙地处香港新界西贡区清水湾半岛以南的大庙湾，位于珠江口以东沿海岸航线的必经之地，是香港现存最古老、规模最大的妈祖庙。该庙始建于南宋咸淳二年（1266），咸淳十年（1274）迁现址重建。该庙为三开间单进，庙门石刻对联："圣德如天，万国梯航瞻日月；母仪配地，千秋俎豆镇山河。"大殿供奉妈祖。该庙现已被列为香港一级历史建筑。

该庙的后面有一块摩崖石刻，立于宋咸淳十年（1274），记述了建庙的由来：宋代，福建莆田人林松坚、林柏坚两兄弟出海遇飓风翻船，频呼妈祖搭救，后漂流到东龙岛对面的沙滩上，得以生还。两人认为是妈祖所救，故在东龙岛建天后庙，也称南佛堂（现已不存）。其后人又在东龙岛对面的大庙湾建了一座天后庙，也称北佛堂。每逢农历三月二十三日天后诞，前来上香祭拜者众。

香港铜锣湾天后古庙

该庙位于香港铜锣湾天后庙道10号，是香港诸天后庙中历史较久、规模较大的一间。该庙创建于清乾隆年间，由戴仕蕃建造，当时称之为"盐船湾红香炉庙"。香港别名红香炉，即由此而来。该庙门外部石梁上有"同治七年"的字样，后虽历经修建，但至今保持着同治七年（1868）时的基本面貌。门外雄踞石狮二座，庙

铜锣湾天后古庙（360图片网）

门横额上有"天后古庙"四个大字，屋脊的人物陶塑生动逼真，庙内壁画精致细腻。红香炉置庙堂中央，另设有天后、观音、包公、财神爷等神像。

该庙香火一直很旺。每年农历三月二十三日天后诞，这里都会举办庙会，一连数日在庙前广场架起舞台，演神功戏、舞龙、舞狮等，前来贺诞者络绎不绝。该庙1982年被列为法定古迹。

德庆龙母祖庙

　　该庙位于广东省肇庆市德庆县西江岸边的悦城镇水口，始建于秦汉，代有修葺，是供奉龙母娘娘的庙宇。现为全国重点文物保护单位。

　　相传龙母是秦代人，姓温，自小便能预知祸福，且乐善好助，被称为神女。有一天，她在西江边拾到一大卵，孵出五只小动物，能为她捕鱼。它们长大后变成了五条龙。温氏让它们施云播雨，保境安民。因此人们称温氏为龙母。龙母去世后，人们把她葬于悦城东岸。一天晚上，龙母墓却神奇地被迁至悦城西岸的珠山上。人们说这是五龙

德庆龙母祖庙（欧清煜编《悦城龙母祖庙》）

作法，把龙母墓迁回了龙母昔日劳作的地方。后人感于五龙的孝心，在此建庙，名曰"孝通庙"，为"龙母祖庙"的前身。

现存的龙母祖庙重建于清光绪三十一年（1905），该庙集历代建筑和造型艺术于一体，其木雕、石雕、砖雕、灰塑堪称一绝。该庙有"古坛仅存"之誉，是古建筑中的珍品，与广州陈家祠、佛山祖庙合称为岭南建筑三大瑰宝。

据叶春生教授主编《岭南民俗事典》一书记载，每年龙母诞期，当地及附近各地前往拜祭者不下十万人。昔时还有"祭青蛇""摸龙床求子"等习俗。

雷州伏波祠

该祠又名伏波庙，位于雷州市雷城南亭街，始建于东汉，是雷州市最古老的祠庙。该祠现为雷州市文物保护单位。

该祠因山构筑，高高耸立，雄伟壮观。祠门联云："东西辅汉勋名著，前后登坛岭海遥。"

该祠供奉汉代挥师岭南建立卓越功勋的两位伏波将军：路博德和马援。两伏波将军因有功于国，受历代敬仰。前来参观的各界人士留下了许多赞颂两伏波将军赤胆忠心、

雷州伏波祠（360 图片网）

维护国家统一的诗篇。如明嘉靖雷州知府戴嘉猷谒伏波庙诗云："城限古庙锁云烟，瞻仰英风望后先，粤国山河从此定，汉家文物到今传。"清代翰林李晋熙的马伏波诗："将军不服老，矍铄殿前试"，及"马革当裹尸，壶头尚奋翅"等。

有研究者指出，早在魏晋南北朝时，南海一带的人们就已将马援视为海神。（晋）裴渊《广州记》、（南朝宋）沈怀远《南越志》、（唐）徐坚《初学记》等文献中均有马援"积石为堤，以遏海波，自是不复遇海涨"之类的记载。

雷州靖海宫

　　该庙位于雷州市附城镇夏岚北村，始建于明代，历经修葺，供奉妈祖、雷首公等。几百年来，当地人一直视该庙为祭祀海神、祈求出海平安的重要场所，香火不断。该庙文物十分丰富。庙内有石碑多通，还有明代石刻"十八伽蓝"。庙门石额上的"靖海宫"三个大字雄浑有力，为清代摄理雷州府事洪锡豫所书。楹联"靖国安邦庇民德著齐天烈，海朝山拱育物灵昭应地功"，及殿木联"庙镇洋田禾秀稻香恍似莆田沾德泽，门临大海风平浪静依然闽海沐恩波"，为清代翰林李晋熙所撰。该庙还有清代进士、书法家

雷州靖海宫（360 图片网）

何达聪的书法楹联，以及民国海康县长邓定远的书法石刻等。这些文物对研究雷州沿海民俗和雷州人文历史等均很有价值。2003年该庙被列为湛江市文物保护单位。

海口天后宫

海口天后宫，原名环海坊，又名天后庙、妈祖庙，位于中山路87号，始建于元代，历代皆有修缮。据相关资料统计，海南岛上曾有上百座天后宫，海口天后宫是海南现存最早的两座妈祖庙之一，也是规模最大的妈祖庙。《万历琼州府志》云："今渡海往

海口天后宫（360图片网）

来者，官必告庙行礼，四民必祭卜方行。"可见其时该庙在当地人心目中的地位。

每年农历三月二十三日妈祖诞辰日和农历九月初九妈祖忌日，当地渔民纷纷前往庙中祭拜，并举行游神、演戏等活动。庙内雕檐画壁，故事人物形象各异，栩栩如生。2009年该庙被列入省级文物保护单位。

昌化峻灵王庙

该庙位于海南昌化镇，始建于宋代。1998年，该庙被列入县级文物保护单位。

峻灵王崇拜最初起源于民间的石崇拜，

昌化峻灵明王庙（360图片网）

后发展成为一种民间信仰。光绪《昌化县志》载："凡旱涝、灾难、疾病往祷辄应。"一直以来，峻灵王作为当地百姓心中的保护神，备受崇拜。当地渔民把峻灵王视作导航的明灯，尤其是在茫茫的大海中遇到大风大浪时，只要看到峻灵王石，渔民心里就感到很踏实。岭南沿海各地的渔民常相邀前往该庙祭拜、祈福。

基于对峻灵王的崇拜而形成的峻灵王文化是一种以峻灵王石为载体，通过祭祀、传说、文学、民歌等方式流传的海洋民俗文化，寄托了人们对平安和幸福生活的向往。

广西涠洲岛三婆庙

该庙位于涠洲岛南湾港内北面的悬崖峭壁下，又称天后宫。其前身疑为晋人刘欣期《交州记》中所记之石室："合浦围州有石室，其里一石如鼓形，见榴木杖倚着石壁，采珠人常致祭焉。"该石室原为一天然洞穴，宋代始于洞外建茅草屋，后几经修葺，渐建立庙宇。该庙至迟建于明末清初（一说为元代，一说为清乾隆三年，即1738年）。

该庙门楹为一副叠字联："神庙朝朝朝朝朝朝应，海水长长长长长长流。"此联用同字异音法写成的，构思巧妙。庙内设神龛

广西涸洲岛三婆庙（360 图片网）

供奉妈祖。庙外花木扶疏，景色清幽。庙侧有井，水质甘冽，终年不涸。每年农历三月二十三日（妈祖诞）前后，当地及周边地区前往该庙祈求一帆风顺、海利大进的渔民、海商等络绎不绝。

永兴岛天妃庙

西沙群岛、南沙群岛原有不少我国渔民用砖瓦建的天妃庙，这些庙宇是我国人民早先在这些群岛经营开发的实物证据，是南海诸岛自古以来就是我国领土的一个铁证。20世纪初，西沙群岛、南沙群岛那些原由砖瓦盖成的天妃庙被一度非法占据这些岛屿的日本人、法国人相继破坏，大多已被灭迹，荡然无存。

如今西沙群岛的永兴岛上仅存一间用砖瓦盖成的天妃庙——猫注娘娘庙，为海南岛渔民们所建。该天妃庙原先有一块"海不扬波"的匾额和一副对联："兄弟感灵应，孤魂得恩深。"1932年，法国人非法占据永兴岛，他们把猫注娘娘庙妄改为"黄沙寺"，并将原有的匾额和对联全部破坏掉，又用中文另写了一副对联："春亦有情，海深喜逢焦弄月；人得其意，春风和气鸟逢林。"企图以此来印证越南皇帝在明命十六年（1835）派人在黄沙岛上建黄沙神祠的说法。不想他们却在对联末尾的落款"大南皇帝保大十四年三月初一日"上露出了马脚："保大十四年"是1939年，由是谎言不攻自破。

后 记

伟大的航海家郑和说过："财富取之于海洋，危险亦来自海上。"岭南濒临我国最大的热带海洋南海。海洋的自然风险和富饶，使以海为生的岭南人自古以来对南海既充满了敬畏，也寄予了祈望。岭南海神信仰延绵数千年，各种海神庙宇星罗棋布，遍及广大城乡。以此为依托的祭祀海神的风俗活动常年不绝，成为当地海洋文化的一部分。这主要表现在以下几个方面：一是海洋与岭南人的社会、经济生活有不可分割的联系，海神信仰在岭南有广泛的群众基础。二是岭南海神信仰的对象和范围十分广泛，影响深广，并在岭南文化各个层面中表现出来。三是岭南海神庙宇不仅数量多、分布广，而且独具岭南地域建筑风格，它们多被列入了各级文物保护单位，是岭南建筑文化的一笔宝贵资源。

为撰写本书，笔者主要参考了《南海地质与油气资源》（金庆焕主编）、《中国南海海洋文化史》（司徒尚纪著）、《妈祖文化研究》（罗春荣著）、《国家祭祀与海上丝路遗迹——广州南海神庙研究》（王元林著）、《澳门通史》（黄启臣著）、《广东海上丝绸之路史》（黄启臣著）、《濒海之地——南海贸易与中外关系史研究》（李庆新著）、《海洋神灵：中国海神信仰与社会经济》（王荣国著）、《香港天后崇拜》（廖迪生著）、《悦城龙母文化》（叶春生、蒋明智主编）、《广东民俗大典》（叶春生、施爱东主编）、《潮汕民俗大典》（叶春生、林伦伦著）、《潮汕文化概说》（陈泽泓著）、《中华全国风俗志》（胡朴安编著）、《湄洲妈祖志》（蒋维锬、朱合浦主编）、《海南经济史研究》（陈光良著）、《雷州历史文化大观》（牧野主编）、《澳门的社会与文化》（王巧珑著）、《港澳大百科全书》（陈乔之主编）、《中国道教源流》（谢路军著）、《南疆文化走廊》（邓碧泉主编）、《游遍中国·粤港澳卷》（李麟主编）、《湛江古迹》（邓碧泉主编）、《话说海岛风情》（方百寿主编）、《韩振华选集》（海南省文化历史研究会主编）、《中国海洋文化·广东卷》《中国海洋文化·广西卷》《中国海洋

文化·香港卷》《中国海洋文化·澳门卷》
(《中国海洋文化》编委会编)、《海韵》
(岑桑著)、《广东水神溯源》(叶春生撰)、
《广东民间神祇》(陈泽泓撰)、《雷州海神
小考》(陈梦飞撰)等资料,限于本套书系
的统一体例要求,正文不再逐一标注,谨向
诸位作者致以感谢之忱。中山大学司徒尚纪
教授为本书的修改提出了宝贵的意见,《岭
南文库》的编委陈海烈先生,编辑饶栩元女
士,以及广东人民出版社的其他编辑为本书
出版付出了辛勤的劳动,在此一并致谢。但
因本人才疏学浅,加之时间仓促,书中不
妥、错漏之处定有不少,恳请读者批评指
正。

《岭南文化知识书系》已出书目

书　名	作　者	出版时间	定　价
1.禅宗六祖慧能	胡巧利	2004 年 10 月	10.00
2.广东塔话	陈泽泓	2004 年 10 月	10.00
3.明代大儒陈白沙	曹太乙	2004 年 10 月	10.00
4.南越国	黄淼章	2004 年 10 月	10.00
5.广州中山纪念堂	卢洁峰	2004 年 10 月	10.00
6.巾帼英雄冼夫人	钟万全	2004 年 11 月	10.00
7.岭南书法	朱万章	2004 年 12 月	10.00
8.西关风情	梁基永	2004 年 12 月	10.00
9.十三行	中　荔	2004 年 12 月	10.00
10.孙中山	李吉奎	2004 年 12 月	10.00
11.梁启超	刘炎生	2004 年 12 月	10.00
12.粤剧	龚伯洪	2004 年 12 月	10.00
13.梁廷枏	王金锋	2005 年 1 月	10.00
14.开平碉楼	张国雄	2005 年 1 月	10.00
15.佛山秋色艺术	余婉韶	2005 年 3 月	10.00
16.潮州木雕	杨坚平	2005 年 3 月	10.00
17.粤剧大师马师曾	吴炯坚　吴卓筠	2005 年 3 月	10.00
18.清官陈瑸	吴茂信	2005 年 3 月	10.00
19.北伐名将邓演达	杨资元　冯永宁	2005 年 4 月	10.00
20.黄埔军校	李　明	2005 年 4 月	13.00
21.龙母祖庙与龙母传说	欧清煜	2005 年 4 月	10.00
22.岭南近代著名建筑师	彭长歆	2005 年 4 月	10.00
23.潮州开元寺	达　亮	2005 年 8 月	10.00

书　名	作　者	出版时间	定　价
24.光孝寺	胡巧利	2005 年 9 月	10.00
25.中国电影先驱蔡楚生	蔡洪声	2005 年 9 月	10.00
26.抗日名将蔡廷锴	贺　朗	2005 年 9 月	10.00
27.南海神庙	黄淼章	2005 年 9 月	10.00
28.话说岭南	曾牧野等	2005 年 10 月	10.00
29.历史文化名城平海	张伟海　薛昌青	2005 年 10 月	10.00
30.晚清名臣张荫桓	李吉奎	2005 年 10 月	10.00
31.五层楼下	李公明	2005 年 10 月	10.00
32.龙舟歌	陈勇新	2005 年 10 月	10.00
33.潮剧	陈历明	2005 年 10 月	10.00
34.客家	董　励	2005 年 10 月	10.00
35.开平立园	张健人　黄继烨	2005 年 11 月	10.00
36.潮绣抽纱	杨坚平	2005 年 11 月	10.00
37.粤乐	黎　田	2005 年 11 月	10.00
38.枫溪陶瓷	丘陶亮	2005 年 11 月	10.00
39.岭南水乡	朱光文	2005 年 11 月	10.00
40.岭南名儒朱九江	朱杰民	2005 年 12 月	10.00
41.冼夫人文化	吴兆奇　李爵勋	2005 年 12 月	10.00
42.潮汕茶话	郭马风	2006 年 1 月	10.00
43.陈家祠	黄淼章	2006 年 1 月	12.00
44.黄花岗	卢洁峰	2006 年 1 月	13.00
45.潮汕文化	陈泽泓	2006 年 3 月	10.00
46.广州越秀古书院	黄泳添　陈　明	2006 年 3 月	10.00
47.清初岭南三大家	端木桥	2006 年 3 月	10.00
48.韩文公祠与韩山书院	黄　挺	2006 年 3 月	10.00
49.陈济棠	肖自力　陈　芳	2006 年 3 月	10.00

（续表）

书　名	作　者	出版时间	定　价
50.小说名家吴趼人	任百强	2006 年 4 月	10.00
51.广东古代海港	张伟湘　薛昌青	2006 年 4 月	10.00
52.粤剧大师薛觉先	吴庭璋	2006 年 7 月	10.00
53.英石	赖展将	2006 年 7 月	10.00
54.潮汕建筑石雕艺术	李绪洪	2006 年 9 月	10.00
55.叶挺	卢　权　禤倩红	2006 年 9 月	10.00
56.盘王歌	李筱文	2006 年 9 月	10.00
57.历史文化名城新会	吴瑞群　张伟海	2006 年 9 月	10.00
58.石湾公仔	刘孟涵	2006 年 10 月	10.00
59.粤曲名伶小明星	黎　田	2006 年 11 月	10.00
60.袁崇焕	张朝发	2006 年 11 月	10.00
61.马思聪	陈　夏　鲁大铮	2006 年 12 月	12.00
62.潮汕先民探源	陈训先	2006 年 12 月	12.00
63.五仙传说	广州市越秀区文联	2006 年 12 月	12.00
64.历史文化名城雷州	余　石	2006 年 12 月	12.00
65.雷州石狗	陈志坚	2006 年 12 月	12.00
66.岭南文化古都封开	梁志强　朱英中 薛昌青	2006 年 12 月	14.00
67.始兴围楼	廖晋雄	2007 年 1 月	12.00
68.海外潮人	陈　骅	2007 年 1 月	12.00
69.镇海楼	李穗梅	2007 年 1 月	12.00
70.潮汕三山国王崇拜	贝闻喜	2007 年 1 月	12.00
71.广东绘画	朱万章	2007 年 5 月	12.00
72.潮州歌册	吴奎信	2007 年 6 月	12.00
73.海幢寺	林剑纶　李仲伟	2007 年 6 月	12.00
74.黄埔沧桑	龙莆尧	2007 年 7 月	12.00
75.粤北采茶戏	范炎兴	2007 年 7 月	12.00

（续表）

书　名	作　者	出版时间	定　价
76.广东客家山歌	莫日芬	2007 年 7 月	12.00
77.孙中山大元帅府	李穗梅	2007 年 8 月	12.00
78.梁园	王建玲	2007 年 8 月	12.00
79.康有为（南粤先贤）	赵立人	2007 年 8 月	12.00
80.韩愈（南粤先贤）	洪　流	2007 年 9 月	12.00
81.广州起义	黄穗生	2007 年 9 月	12.00
82.中共"三大"	杨苗丽	2007 年 9 月	12.00
83.羊城旧事	杨万翔	2007 年 9 月	12.00
84.苏兆征	禤倩红　卢　权	2007 年 10 月	12.00
85.潮汕侨批	王炜中	2007 年 10 月	12.00
86.利玛窦	萧健玲	2007 年 10 月	12.00
87.肇庆鼎湖山	余秀明	2007 年 11 月	12.00
88.历史文化名城梅州	胡希张	2007 年 11 月	12.00
89.乐昌花鼓戏	罗其森	2007 年 11 月	12.00
90.司徒美堂	张健人　黄继烨	2007 年 12 月	10.00
91.乐昌风物与古文化遗存	沈　扬	2008 年 1 月	12.00
92.李文田	梁基永	2008 年 1 月	12.00
93.广州越秀古街巷	广州市越秀区文联	2008 年 2 月	12.00
94.名镇乐从	李　梅　蔡遥忻	2008 年 3 月	12.00
95.英德溶洞文化	赖展将	2008 年 4 月	12.00
96.陈昌齐	吴茂信	2008 年 4 月	12.00
97.丘逢甲（南粤先贤）	葛　人	2008 年 4 月	12.00
98.张九龄（南粤先贤）	王镝非	2008 年 4 月	12.00
99.陈垣	张荣芳	2008 年 4 月	12.00
100.历史文化名城肇庆	丘　均　赖志华	2008 年 7 月	12.00
101.粤曲	黎　田　谢伟国	2008 年 7 月	12.00
102.广州牙雕史话	曾应枫	2008 年 8 月	12.00
103.越秀山	曾　新	2008 年 8 月	15.00
104.六榕寺	李仲伟　林剑纶	2008 年 9 月	15.00

(续表)

书　名	作　者	出版时间	定　价
105.丁日昌(南粤先贤)	黄赞发　陈琳藩	2008 年 9 月	15.00
106.陈恭尹(南粤先贤)	端木桥	2008 年 10 月	15.00
107.屈大均(南粤先贤)	董上德	2008 年 10 月	15.00
108.阮元(南粤先贤)	陈泽泓	2008 年 10 月	15.00
109.余靖(南粤先贤)	黄志辉	2008 年 11 月	15.00
110.关天培(南粤先贤)	黄利平	2008 年 11 月	15.00
111.名镇太平	邓锦容	2008 年 11 月	15.00
112.黄遵宪(南粤先贤)	郑海麟	2008 年 12 月	15.00
113.郑观应(南粤先贤)	刘圣宜	2009 年 1 月	15.00
114.北江女神曹主娘娘	林超富	2009 年 1 月	15.00
115.南音	陈勇新	2009 年 1 月	15.00
116.葛洪(南粤先贤)	钟　东　钟易翚	2009 年 7 月	15.00
117.翁万达(南粤先贤)	陈泽泓	2009 年 7 月	15.00
118.佛山精武体育会	张雪莲	2009 年 7 月	15.00
119.客家民间艺术	林爱芳	2009 年 8 月	15.00
120.詹天佑(南粤先贤)	胡文中	2009 年 8 月	15.00
121.广东"客商"	闫恩虎	2009 年 9 月	15.00
122.广府木雕	邹伟初	2009 年 9 月	15.00
123.潮州音乐	蔡树航	2009 年 10 月	15.00
124.端砚	沈仁康	2009 年 10 月	15.00
125.冯如(南粤先贤)	黄庆昌	2009 年 11 月	15.00
126.广东出土明本戏文	陈历明	2009 年 11 月	15.00
127.五邑银信	刘　进	2009 年 11 月	15.00
128.名镇容桂(顺德名镇)	张欣明	2009 年 11 月	15.00
129.名镇均安(顺德名镇)	张凤娟	2009 年 11 月	15.00
130.名镇勒流(顺德名镇)	梁景裕	2009 年 11 月	15.00
131.名镇龙江(顺德名镇)	张永锡	2009 年 11 月	15.00
132.名镇伦教(顺德名镇)	田丽玮	2009 年 11 月	15.00
133.名镇大良(顺德名镇)	李健明	2009 年 11 月	15.00

（续表）

书　名	作　者	出版时间	定　价
134.名镇陈村（顺德名镇）	李健明	2009 年 11 月	15.00
135.名镇杏坛（顺德名镇）	岑丽华	2009 年 11 月	15.00
136.名镇北滘（顺德名镇）	梁绮惠　王基国	2009 年 11 月	15.00
137.岭南民间游艺竞技（岭南古俗）	叶春生　凌远清	2009 年 11 月	15.00
138.岭南民间墟市节庆（岭南古俗）	叶春生　黄晓茵	2009 年 11 月	15.00
139.岭南古代诞会习俗（岭南古俗）	叶春生　凌远清	2009 年 11 月	15.00
140.岭南衣食礼仪古俗（岭南古俗）	叶春生　陈玉芳	2009 年 11 月	15.00
141.岭南书画名家（蕴庐文萃）	陈荆鸿	2009 年 12 月	15.00
142.岭南名人谭丛（蕴庐文萃）	陈荆鸿	2009 年 12 月	15.00
143.岭南艺林散叶（蕴庐文萃）	陈荆鸿	2009 年 12 月	15.00
144.岭南诗坛逸事（蕴庐文萃）	陈荆鸿	2009 年 12 月	15.00
145.岭南名胜记略（蕴庐文萃）	陈荆鸿	2009 年 12 月	15.00
146.岭南名刹祠宇（蕴庐文萃）	陈荆鸿	2009 年 12 月	15.00
147.岭南名人遗迹（蕴庐文萃）	陈荆鸿	2009 年 12 月	15.00
148.岭南谪宦寓贤（蕴庐文萃）	陈荆鸿	2009 年 12 月	15.00
149.岭南风物与风俗传说（蕴庐文萃）	陈荆鸿	2009 年 12 月	15.00
150.海桑随笔（蕴庐文萃）	陈荆鸿	2009 年 12 月	15.00
151.工运先驱林伟民	卢权	2009 年 12 月	15.00
152.张太雷	林鸿暖	2009 年 12 月	15.00
153.苏轼（南粤先贤）	陈泽泓	2009 年 12 月	15.00
154.广州越秀古街巷（第二集）	广州市越秀区文联	2010 年 2 月	15.00
155.岭南名街北京路	陈　明	2010 年 3 月	15.00
156.河源恐龙记	黄　东	2010 年 3 月	15.00
157.漓江	庞铁坚	2010 年 4 月	15.00
158.历史文化名城桂林	黄伟林	2010 年 5 月	15.00
159.洪秀全（南粤先贤）	钟卓安　欧阳桂烛	2010 年 6 月	15.00
160.海瑞（南粤先贤）	陈宪猷	2010 年 6 月	15.00
161.广州轶闻	杨万翔	2010 年 6 月	15.00
162.崔与之（南粤先贤）	龚伯洪	2010 年 6 月	15.00

（续表）

书 名	作 者	出版时间	定 价
163.张之洞（南粤先贤）	谢 放	2010 年 6 月	15.00
164.清初曲江奇士廖燕	姚良宗	2010 年 8 月	15.00
165.苏六朋（南粤先贤）	朱万章	2010 年 8 月	15.00
166.雷剧	陈志坚	2010 年 8 月	15.00
167.灵渠	刘建新	2010 年 8 月	15.00
168.赵佗（南粤先贤）	吴凌云	2010 年 10 月	15.00
169.陈澧（南粤先贤）	李绪伯	2010 年 10 月	15.00
170.忠信花灯	吴娟容	2010 年 10 月	15.00
171.珠江三角洲广府民俗	余婉韶	2010 年 10 月	15.00
172.湛若水（南粤先贤）	黄明同	2010 年 10 月	15.00
173.林则徐（南粤先贤）	胡雪莲	2010 年 10 月	15.00
174.广州文化公园	曾 尔	2010 年 10 月	15.00
175.阮啸仙	陈其明	2010 年 10 月	15.00
176.周敦颐（南粤先贤）	范立舟	2010 年 11 月	15.00
177.抗倭英雄陈璘	黄学佳	2010 年 11 月	15.00
178.广州越秀古街巷（第三集）	广州市越秀区文联	2010 年 11 月	15.00
179.粤桂铜鼓	蒋廷瑜	2010 年 11 月	15.00
180 居巢 居廉（南粤先贤）	朱万章	2010 年 11 月	15.00
181.岭南大儒陈宏谋	黄海英	2010 年 12 月	15.00
182.黄佐（南粤先贤）	林子雄	2010 年 12 月	15.00
183.名镇赤坎	张健人 黄继烨	2010 年 12 月	15.00
184.陈子壮（南粤先贤）	胡巧利	2011 年 2 月	15.00
185.刘永福（南粤先贤）	江铁军	2011 年 2 月	15.00
186.包拯（南粤先贤）	李 玮	2011 年 7 月	15.00
187.张弼士（南粤先贤）	徐松荣	2011 年 7 月	15.00
188.邓世昌（南粤先贤）	林 干	2011 年 7 月	15.00
189.潮州八景	张 伟	2011 年 10 月	15.00

书　名	作　者	出版时间	定　价
190.话说长洲	龙莅尧	2011 年 10 月	15.00
191.广州越秀古街巷（第四集）	广州市越秀区文联	2011 年 12 月	15.00
192.冯子材（南粤先贤）	吴建华	2011 年 12 月	15.00
193.张维屏（南粤先贤）	黄国声	2012 年 2 月	15.00
194.杨孚（南粤先贤）	陈碧涵	2012 年 3 月	15.00
195.佛山祖庙	关　宏	2012 年 3 月	15.00
196.林风眠	林爱芳	2012 年 5 月	15.00
197.朱执信（南粤先贤）	张　苹	2012 年 7 月	15.00
198.羊城旧语	黄小娅	2012 年 10 月	15.00
199.丘濬（南粤先贤）	吴建华　傅里淮	2012 年 10 月	15.00
200.广州越秀古街巷（第五集）	广州市越秀区文联	2012 年 11 月	15.00
201.陈启沅（南粤先贤）	吴建新	2012 年 11 月	15.00
202.驻粤八旗	汪宗猷　李筱文	2013 年 1 月	15.00
203.文天祥（南粤先贤）	袁钟仁	2013 年 1 月	15.00
204.洪仁玕（南粤先贤）	张　苹	2013 年 4 月	18.00
205.陈文玉（南粤先贤）	陈志坚	2013 年 4 月	18.00
206.容闳（南粤先贤）	陈汉才	2013 年 8 月	20.00
207.宋代沉船"南海 I 号"	曾宪勇	2013 年 9 月	20.00
208.客家山歌剧	罗锐曾	2013 年 10 月	18.00
209.岭南文化概说	陈泽泓	2013 年 10 月	20.00
210.丹霞山	侯荣丰	2013 年 11 月	20.00
211.广州越秀古街巷（第六集）	广州市越秀区文联	2013 年 11 月	20.00
212.岭南篆刻	黎向群	2013 年 11 月	20.00
213.广东汉乐	李　英	2014 年 8 月	20.00
214.苏曼殊	董上德	2014 年 12 月	20.00
215.广州海珠史话	罗国雄	2015 年 6 月	20.00

书　名	作　者	出版时间	定　价
216.黄君璧	鲁大铮	2015 年 9 月	20.00
217.羊城谈旧录	黄国声	2015 年 12 月	20.00
218.蒲风	严立平	2015 年 12 月	20.00
219.广州海上丝绸之路	袁钟仁	2016 年 2 月	20.00
220.江璆	张荣芳	2016 年 8 月	20.00
221.邹伯奇	王　维	2016 年 8 月	20.00
222.梁培基	李以庄	2016 年 12 月	20.00
223.岭南饮食随谈	周松芳	2017 年 12 月	20.00
224.广州历史地理拾零	卓稚雄	2018 年 1 月	20.00
225.吴子复	翁泽文	2018 年 9 月	20.00
226.海派粤菜与海外粤菜	周松芳	2020 年 4 月	20.00
227.赵少昂	王　坚	2020 年 6 月	20.00
228.岭南品艺录	吴　瑾	2021 年 3 月	25.00
229.粤菜	王　亮	2021 年 12 月	25.00
230.广东画坛旧事	吴　瑾	2022 年 9 月	25.00
231.广东世居少数民族	练铭志	2023 年 11 月	25.00
232.岭南海神	许桂灵	2023 年 12 月	35.00

注：以上已出书目，书名、定价及出版时间以出版实物为准。